MARTIN HEIDEGGER

Der Ursprung des Kunstwerkes

MIT EINER EINFÜHRUNG
VON HANS-GEORG GADAMER

PHILIPP RECLAM JUN. STUTTGART

Universal-Bibliothek Nr. 8446 [2]
Alle Rechte vorbehalten. © für diese Ausgabe 1960 Philipp Reclam jun.,
Stuttgart. Mit Genehmigung des Verlages Vittorio Klostermann,
Frankfurt am Main
Gesamtherstellung: Reclam, Ditzingen. Printed in Germany 1982
ISBN 3-15-008446-6

Theodor Hetzer
zum Gedächtnis

Vorwort

Die erste Fassung der vorliegenden Abhandlung bildet den Inhalt eines Vortrages, der am 13. November 1935 in der Kunstwissenschaftlichen Gesellschaft zu Freiburg i. Br. gehalten und im Januar 1936 in Zürich auf Einladung der Studentenschaft der Universität wiederholt wurde. Die »Holzwege« bringen den Text der drei Vorträge im Freien Deutschen Hochstift zu Frankfurt a. M. am 17. und 24. November und 4. Dezember 1936. Das Nachwort ist z. T. später geschrieben.

Der in diese Sonderausgabe aufgenommene Text der »Holzwege« ist neu durchgesehen. Der 1956 geschriebene *Zusatz* erläutert einige Leitworte.

Die von H.-G. Gadamer verfaßte Einführung enthält einen entscheidenden Wink für den Leser meiner späteren Schriften.

M. H.

Ursprung bedeutet hier jenes, von woher und wodurch eine Sache ist, was sie ist und wie sie ist. Das, was etwas ist, wie es ist, nennen wir sein Wesen. Der Ursprung von etwas ist die Herkunft seines Wesens. Die Frage nach dem Ursprung des Kunstwerkes fragt nach seiner Wesensherkunft. Das Werk entspringt nach der gewöhnlichen Vorstellung aus der und durch die Tätigkeit des Künstlers. Wodurch aber und woher ist der Künstler das, was er ist? Durch das Werk; denn, daß ein Werk den Meister lobe, heißt: das Werk erst läßt den Künstler als einen Meister der Kunst hervorgehen. Der Künstler ist der Ursprung des Werkes. Das Werk ist der Ursprung des Künstlers. Keines ist ohne das andere. Gleichwohl trägt auch keines der beiden allein das andere. Künstler und Werk *sind* je in sich und in ihrem Wechselbezug durch ein Drittes, welches das erste ist, durch jenes nämlich, von woher Künstler und Kunstwerk ihren Namen haben, durch die Kunst.

So notwendig der Künstler in einer anderen Weise der Ursprung des Werkes ist als das Werk der Ursprung des Künstlers, so gewiß ist die Kunst in einer noch anderen Weise der Ursprung für den Künstler und das Werk zumal. Aber kann denn die Kunst überhaupt ein Ursprung sein? Wo und wie gibt es die Kunst? Die Kunst, das ist nur noch ein Wort, dem nichts Wirkliches mehr entspricht. Es mag als eine Sammelvorstellung gelten, in der wir das unterbringen, was allein von der Kunst wirklich ist: die Werke und die Künstler. Selbst wenn das Wort Kunst mehr bezeichnen sollte als eine Sammelvorstellung, so könnte das mit dem Wort Kunst

Gemeinte nur sein auf Grund der Wirklichkeit von Werken und Künstlern. Oder liegt die Sache umgekehrt? Gibt es Werk und Künstler nur, sofern die Kunst ist als ihr Ursprung?

Wie auch die Entscheidung fällt, die Frage nach dem Ursprung des Kunstwerkes wird zur Frage nach dem Wesen der Kunst. Da es jedoch offen bleiben muß, ob und wie die Kunst überhaupt ist, werden wir das Wesen der Kunst dort zu finden versuchen, wo Kunst ungezweifelt wirklich waltet. Die Kunst west im Kunst-Werk. Aber was und wie ist ein Werk der Kunst?

Was die Kunst sei, soll sich aus dem Werk entnehmen lassen. Was das Werk sei, können wir nur aus dem Wesen der Kunst erfahren. Jedermann bemerkt leicht, daß wir uns im Kreise bewegen. Der gewöhnliche Verstand fordert, daß dieser Zirkel, weil er ein Verstoß gegen die Logik ist, vermieden werde. Man meint, was Kunst sei, lasse sich durch eine vergleichende Betrachtung der vorhandenen Kunstwerke an diesen abnehmen. Aber wie sollen wir dessen gewiß sein, daß wir für eine solche Betrachtung in der Tat Kunstwerke zugrunde legen, wenn wir nicht zuvor wissen, was Kunst ist? Aber so wenig wie durch eine Aufsammlung von Merkmalen an vorhandenen Kunstwerken läßt sich das Wesen der Kunst durch eine Ableitung aus höheren Begriffen gewinnen; denn auch diese Ableitung hat im voraus schon jene Bestimmungen im Blick, die zureichen müssen, um uns das, was wir im voraus für ein Kunstwerk halten, als ein solches darzubieten. Das Aufsammeln von Werken aber aus Vorhandenem und das Ableiten aus Grundsätzen sind hier in gleicher Weise unmöglich und, wo sie geübt werden, eine Selbsttäuschung.

So müssen wir den Kreisgang vollziehen. Das ist kein

Notbehelf und kein Mangel. Diesen Weg zu betreten, ist die Stärke, und auf diesem Weg zu bleiben, ist das Fest des Denkens, gesetzt daß das Denken ein Handwerk ist. Nicht nur der Hauptschritt vom Werk zur Kunst ist als der Schritt von der Kunst zum Werk ein Zirkel, sondern jeder einzelne der Schritte, die wir versuchen, kreist in diesem Kreise.

Um das Wesen der Kunst zu finden, die wirklich im Werk waltet, suchen wir das wirkliche Werk auf und fragen das Werk, was und wie es sei.

Kunstwerke sind jedermann bekannt. Bau- und Bildwerke findet man auf öffentlichen Plätzen, in den Kirchen und in den Wohnhäusern angebracht. In den Sammlungen und Ausstellungen sind Kunstwerke der verschiedensten Zeitalter und Völker untergebracht. Wenn wir die Werke auf ihre unangetastete Wirklichkeit hin ansehen und uns selber dabei nichts vormachen, dann zeigt sich: Die Werke sind so natürlich vorhanden wie Dinge sonst auch. Das Bild hängt an der Wand wie ein Jagdgewehr oder ein Hut. Ein Gemälde, z. B. jenes von van Gogh, das ein Paar Bauernschuhe darstellt, wandert von einer Ausstellung in die andere. Die Werke werden verschickt wie die Kohlen aus dem Ruhrgebiet und die Baumstämme aus dem Schwarzwald. Hölderlins Hymnen waren während des Feldzugs im Tornister mitverpackt wie das Putzzeug. Beethovens Quartette liegen in den Lagerräumen des Verlagshauses wie die Kartoffeln im Keller.

Alle Werke haben dieses Dinghafte. Was wären sie ohne dieses? Aber vielleicht stoßen wir uns an dieser reichlich groben und äußerlichen Ansicht vom Werk. In solchen Vorstellungen vom Kunstwerk mag sich die Güterbestätterei oder die Putzfrau im Museum bewegen. Wir müssen doch die Werke so nehmen, wie sie denjenigen begegnen, die sie erleben und genießen. Aber auch das vielberufene ästhetische Erlebnis kommt am Dinghaften des Kunstwerkes nicht vorbei. Das Steinerne ist im Bauwerk. Das Hölzerne ist im Schnitzwerk. Das Farbige ist im Gemälde. Das Lautende ist im Sprachwerk. Das Klingende ist im Tonwerk. Das Dinghafte ist so unverrückbar im Kunstwerk, daß wir sogar eher umgekehrt sagen müssen: Das Bauwerk ist im Stein. Das Schnitzwerk ist im Holz. Das Gemälde ist in der Farbe. Das Sprachwerk ist im Laut. Das Musikwerk ist im Ton. Selbstverständliches – wird man entgegnen. Gewiß. Aber was ist dieses selbstverständliche Dinghafte im Kunstwerk?

Vermutlich wird es überflüssig und verwirrend, dem nachzufragen, weil das Kunstwerk über das Dinghafte hinaus noch etwas anderes ist. Dieses Andere, was daran ist, macht das Künstlerische aus. Das Kunstwerk ist zwar ein angefertigtes Ding, aber es sagt noch etwas anderes, als das bloße Ding selbst ist, ἄλλο ἀγορεύει. Das Werk macht mit Anderem öffentlich bekannt, es offenbart Anderes; es ist Allegorie. Mit dem angefertigten Ding wird im Kunstwerk noch etwas Anderes zusammengebracht. Zusammenbringen heißt griechisch συμβάλλειν. Das Werk ist Symbol.

Allegorie und Symbol geben die Rahmenvorstellung her, in deren Blickbahn sich seit langem die Kennzeichnung des Kunstwerkes bewegt. Allein dieses Eine am Werk, was ein Anderes offenbart, dieses Eine, was mit einem Anderen zusammenbringt, ist das Dinghafte im Kunstwerk. Fast scheint es, das Dinghafte im Kunstwerk sei wie der Unterbau, darein und darüber das Andere und Eigentliche gebaut ist. Und ist es nicht dieses Dinghafte am Werk, was der Künstler bei seinem Handwerk eigentlich macht?

Wir möchten die unmittelbare und volle Wirklichkeit des Kunstwerkes treffen; denn nur so finden wir in ihm auch die wirkliche Kunst. Also müssen wir zunächst das Dinghafte des Werkes in den Blick bringen. Dazu ist nötig, daß wir hinreichend klar wissen, was ein Ding ist. Nur dann läßt sich sagen, ob das Kunstwerk ein Ding ist, aber ein Ding, an dem noch Anderes haftet; erst dann läßt sich entscheiden, ob das Werk im Grunde etwas Anderes und nie ein Ding ist.

Das Ding und das Werk

Was ist in Wahrheit das Ding, sofern es ein Ding ist? Wenn wir so fragen, wollen wir das Dingsein (die Dingheit) des Dinges kennenlernen. Es gilt, das Dinghafte des Dinges zu erfahren. Dazu müssen wir den Umkreis kennen, in den all jenes Seiende gehört, das wir seit langem mit dem Namen Ding ansprechen.

Der Stein am Weg ist ein Ding und die Erdscholle auf dem Acker. Der Krug ist ein Ding und der Brunnen am Weg. Wie steht es aber mit der Milch im Krug und mit dem Wasser des Brunnens? Auch dies sind Dinge, wenn die Wolke am Himmel und die Distel auf dem Feld, wenn das Blatt im Herbstwind und der Habicht über dem Wald namensgerecht Dinge heißen. All dieses muß in der Tat ein Ding genannt werden, wenn man sogar auch jenes mit dem Namen Ding belegt, was sich nicht wie das soeben Aufgezählte selbst zeigt, d. h. was nicht erscheint. Ein solches Ding, das nicht selbst erscheint, ein »Ding an sich« nämlich, ist nach Kant z. B. das

Ganze der Welt, ein solches Ding ist sogar Gott selbst. Dinge an sich und Dinge, die erscheinen, alles Seiende, das überhaupt ist, heißt in der Sprache der Philosophie ein Ding.

Flugzeug und Rundfunkgerät gehören zwar heute zu den nächsten Dingen, aber wenn wir die letzten Dinge meinen, dann denken wir an ganz Anderes. Die letzten Dinge, das sind: Tod und Gericht. Im Ganzen nennt hier das Wort Ding jegliches, was nicht schlechthin nichts ist. Nach dieser Bedeutung ist auch das Kunstwerk ein Ding, sofern es überhaupt etwas Seiendes ist. Doch dieser Dingbegriff hilft uns, unmittelbar wenigstens, nichts bei unserem Vorhaben, das Seiende von der Seinsart des Dinges gegen Seiendes von der Seinsart des Werkes abzugrenzen. Überdies scheuen wir uns auch wieder, Gott ein Ding zu heißen. Wir scheuen uns ebenso, den Bauer auf dem Feld, den Heizer vor dem Kessel, den Lehrer in der Schule für ein Ding zu nehmen. Der Mensch ist kein Ding. Wir heißen zwar ein junges Mädchen, das an eine übermäßige Aufgabe gerät, ein noch zu junges Ding, aber nur deshalb, weil wir hier das Menschsein in gewisser Weise vermissen und eher das zu finden meinen, was das Dinghafte der Dinge ausmacht. Wir zögern sogar, das Reh in der Waldlichtung, den Käfer im Gras, den Grashalm ein Ding zu nennen. Eher ist uns der Hammer ein Ding und der Schuh, das Beil und die Uhr. Aber ein bloßes Ding sind auch sie nicht. Als solches gilt uns nur der Stein, die Erdscholle, ein Stück Holz. Das Leblose der Natur und des Gebrauches. Die Natur- und Gebrauchsdinge sind die gewöhnlich so genannten Dinge.

So sehen wir uns aus dem weitesten Bereich, in dem alles ein Ding ist (Ding = res = ens = ein Seiendes), auch die höchsten und letzten Dinge, auf den engen Bezirk der bloßen Dinge zurückgebracht. Das »bloß« meint hier einmal: das reine Ding, das einfach Ding ist und nichts weiter; das »bloß« meint dann zugleich: nur noch Ding in einem fast schon abschätzigen Sinne. Die bloßen Dinge, mit Ausschluß sogar der Gebrauchsdinge, gelten als die eigentlichen Dinge. Worin besteht nun das Dinghafte dieser Dinge? Aus ihnen muß sich die Dingheit der Dinge bestimmen lassen. Die Bestimmung setzt uns instand, das Dinghafte als solches zu kennzeichnen. So ausgerüstet, können wir jene fast handgreifliche Wirklichkeit der Werke kennzeichnen, worin dann noch etwas Anderes steckt.

Nun gilt als bekannte Tatsache, daß schon von altersher, sobald die Frage gestellt war, was das Seiende überhaupt sei, die Dinge in ihrer Dingheit sich als das maßgebende Seiende immer wieder vordrängten. Demzufolge müssen wir in den überlieferten Auslegungen des Seienden bereits die Umgrenzung der Dingheit der Dinge antreffen. Wir brauchen uns daher nur dieses überkommenen Wissens vom Ding ausdrücklich zu versichern, um der trockenen Mühe des eigenen Suchens nach dem Dinghaften des Dinges enthoben zu sein. Die Antworten auf die Frage, was das Ding sei, sind in einer Weise geläufig, daß man dahinter nichts Fragwürdiges mehr vermutet.

Die Auslegungen der Dingheit des Dinges, die, im Verlauf des abendländischen Denkens herrschend, längst selbstverständlich geworden und heute im alltäglichen Gebrauch sind, lassen sich auf drei zusammenbringen.

Ein bloßes Ding ist z. B. dieser Granitblock. Er ist hart, schwer, ausgedehnt, massig, unförmig, rauh, farbig, teils matt, teils glänzend. All dieses Aufgezählte können wir dem Stein abmerken. Wir nehmen so seine Merkmale zur

Kenntnis. Aber die Merkmale meinen doch solches, was dem Stein selbst eignet. Sie sind seine Eigenschaften. Das Ding hat sie. Das Ding? Woran denken wir, wenn wir jetzt das Ding meinen? Offenbar ist das Ding nicht nur die Ansammlung der Merkmale, auch nicht die Anhäufung der Eigenschaften, wodurch erst das Zusammen entsteht. Das Ding ist, wie jedermann zu wissen glaubt, jenes, um das herum sich die Eigenschaften versammelt haben. Man redet dann vom Kern der Dinge. Die Griechen sollen dies τὸ ὑποκείμενον genannt haben. Dieses Kernhafte des Dinges war ihnen freilich das zum Grunde und immer schon Vorliegende. Die Merkmale aber heißen τὰ συμβεβηκότα, jenes, was sich mit dem jeweils Vorliegenden immer auch schon eingestellt hat und mit dabei vorkommt.

Diese Benennungen sind keine beliebigen Namen. In ihnen spricht, was hier nicht mehr zu zeigen ist, die griechische Grunderfahrung des Seins des Seienden im Sinne der Anwesenheit. Durch diese Bestimmungen aber wird die fortan maßgebende Auslegung der Dingheit des Dinges gegründet und die abendländische Auslegung des Seins des Seienden festgelegt. Sie beginnt mit der Übernahme der griechischen Wörter in das römisch-lateinische Denken. ὑποκείμενον wird zu subiectum; ὑπόστασις wird zu substantia; συμβεβηκός wird zu accidens. Diese Übersetzung der griechischen Namen in die lateinische Sprache ist keineswegs der folgenlose Vorgang, für den er noch heutigentags gehalten wird. Vielmehr verbirgt sich hinter der anscheinend wörtlichen und somit bewahrenden Übersetzung ein *Übersetzen* griechischer Erfahrung in eine andere Denkungsart. *Das römische Denken übernimmt die griechischen Wörter ohne die entsprechende gleichursprüngliche Erfahrung dessen, was sie sagen, ohne das griechische Wort.* Die Bodenlosigkeit des abendländischen Denkens beginnt mit diesem Übersetzen.

Die Bestimmung der Dingheit des Dinges als der Substanz mit ihren Akzidenzien scheint nach der geläufigen Meinung unserem natürlichen Blick auf die Dinge zu entsprechen. Kein Wunder, daß sich dieser gewöhnlichen Ansicht des Dinges auch das geläufige Verhalten zu den Dingen angemessen hat, nämlich das Ansprechen der Dinge und das Sprechen über sie. Der einfache Aussagesatz besteht aus dem Subjekt, was die lateinische Übersetzung, und das heißt schon Umdeutung, von ὑποκείμενον ist, und aus dem Prädikat, worin von dem Ding die Merkmale ausgesagt werden. Wer möchte sich unterfangen, an diesen einfachen Grundverhältnissen zwischen Ding und Satz, zwischen Satzbau und Dingbau zu rütteln? Dennoch müssen wir fragen: Ist der Bau des einfachen Aussagesatzes (die Verknüpfung von Subjekt und Prädikat) das Spiegelbild zum Bau des Dinges (zur Vereinigung der Substanz mit den Akzidenzien)? Oder ist gar der so vorgestellte Bau des Dinges entworfen nach dem Gerüst des Satzes?

Was liegt näher, als daß der Mensch die Weise seiner Dingerfassung im Aussagen auf den Bau des Dinges selbst hinüberträgt? Diese scheinbar kritische, aber dennoch sehr voreilige Meinung müßte allerdings zuvor verständlich machen, wie dieses Hinübertragen des Satzbaues auf das Ding möglich sein soll, ohne daß nicht schon das Ding sichtbar geworden ist. Die Frage, was das Erste sei und das Maßgebende, der Satzbau oder der Dingbau, ist bis zur Stunde nicht entschieden. Es bleibt sogar zweifelhaft, ob die Frage in dieser Gestalt überhaupt entscheidbar ist.

Im Grunde gibt weder der Satzbau das Maß für den Entwurf des Dingbaues, noch wird dieser in jenem einfach abgespiegelt. Beide, Satz- und Dingbau, entstammen in ihrer Artung und in ihrem möglichen Wechselbezug einer gemeinsamen ursprünglicheren Quelle. In jedem Falle ist die zuerst angeführte Auslegung der Dingheit des Dinges, das Ding als der Träger seiner Merkmale, trotz ihrer Geläufigkeit nicht so natürlich, wie sie sich gibt. Was uns als natürlich vorkommt, ist vermutlich nur das Gewöhnliche einer langen Gewohnheit, die das Ungewohnte, dem sie entsprungen, vergessen hat. Jenes Ungewohnte hat jedoch einst als ein Befremdendes den Menschen angefallen und hat das Denken zum Erstaunen gebracht.

Die Zuversicht zu der geläufigen Dingauslegung ist nur scheinbar begründet. Außerdem aber gilt dieser Dingbegriff (das Ding als der Träger seiner Merkmale) nicht nur vom bloßen und eigentlichen Ding, sondern von jeglichem Seienden. Mit seiner Hilfe kann daher auch niemals das dingliche gegen das nicht dingliche Seiende abgesetzt werden. Doch vor allen Bedenken sagt uns schon der wache Aufenthalt im Umkreis von Dingen, daß dieser Dingbegriff das Dinghafte der Dinge, jenes Eigenwüchsige und Insichruhende nicht trifft. Bisweilen haben wir noch das Gefühl, daß seit langem schon dem Dinghaften der Dinge Gewalt angetan worden und daß bei dieser Gewaltsamkeit das Denken im Spiel sei, weshalb man dem Denken abschwört, statt sich darum zu mühen, daß das Denken denkender werde. Aber was soll dann bei einer Wesensbestimmung des Dinges ein noch so sicheres Gefühl, wenn allein das Denken das Wort haben darf? Vielleicht ist jedoch das, was wir hier und in ähnlichen Fällen Gefühl oder Stimmung nennen, vernünftiger, nämlich vernehmender, weil dem Sein offener als alle Vernunft, die, inzwischen zur ratio geworden, rational mißdeutet wurde. Dabei leistete das Schielen nach dem Ir-rationalen, als der Mißgeburt des ungedachten Rationalen, seltsame Dienste. Zwar paßt der geläufige Dingbegriff jederzeit auf jedes Ding. Dennoch faßt er in seinem Greifen nicht das wesende Ding, sondern er überfällt es.

Läßt sich vielleicht ein solcher Überfall vermeiden und wie? Wohl nur so, daß wir dem Ding gleichsam ein freies Feld gewähren, damit es sein Dinghaftes unmittelbar zeige. Alles, was sich an Auffassung und Aussage über das Ding zwischen das Ding und uns stellen möchte, muß zuvor beseitigt werden. Erst dann überlassen wir uns dem unverstellten Anwesen des Dinges. Aber dieses unvermittelte Begegnenlassen der Dinge brauchen wir weder erst zu fordern noch gar einzurichten. Es geschieht längst. In dem, was der Gesicht-, Gehör- und Tastsinn beibringen, in den Empfindungen des Farbigen, Tönenden, Rauhen, Harten rücken uns die Dinge, ganz wörtlich genommen, auf den Leib. Das Ding ist das αἰσθητόν, das in den Sinnen der Sinnlichkeit durch die Empfindungen Vernehmbare. Demzufolge wird dann später jener Begriff vom Ding üblich, wonach es nichts anderes ist als die Einheit einer Mannigfaltigkeit des in den Sinnen Gegebenen. Ob diese Einheit als Summe oder als Ganzheit oder als Gestalt gefaßt wird, ändert am maßgebenden Zug dieses Dingbegriffes nichts.

Nun ist diese Auslegung der Dingheit des Dinges jederzeit ebenso richtig und belegbar wie die vorige. Das genügt schon, um an ihrer Wahrheit zu zweifeln. Bedenken wir vollends jenes, was wir suchen, das Dinghafte des Dinges, dann läßt uns dieser Dingbegriff wiederum ratlos. Niemals vernehmen wir, wie er vorgibt, im Erscheinen der Dinge zunächst und eigentlich einen Andrang von Empfindungen, z. B. Töne und Geräusche, sondern wir hören den Sturm im Schornstein pfeifen, wir hören das dreimotorige Flugzeug, wir hören den Mercedes im unmittelbaren Unterschied zum Adler-Wagen. Viel näher als alle Empfindungen sind uns die Dinge selbst. Wir hören im Haus die Tür schlagen und hören niemals akustische Empfindungen oder auch nur bloße Geräusche. Um ein reines Geräusch zu hören, müssen wir von den Dingen weghören, unser Ohr davon abziehen, d. h. abstrakt hören.

In dem jetzt genannten Dingbegriff liegt nicht so sehr ein Überfall auf das Ding als vielmehr der übersteigerte Versuch, das Ding in eine größtmögliche Unmittelbarkeit zu uns zu bringen. Aber dahin gelangt ein Ding nie, solange wir ihm das empfindungsmäßig Vernommene als sein Dinghaftes zuweisen. Während die erste Auslegung des Dinges uns dieses gleichsam vom Leibe hält und zu weit wegstellt, rückt die zweite es uns zu sehr auf den Leib. In beiden Auslegungen verschwindet das Ding. Darum gilt es wohl, die Übertreibungen beider Auslegungen zu vermeiden. Das Ding selbst muß bei seinem Insichruhen belassen bleiben. Es ist in der ihm eigenen Standhaftigkeit hinzunehmen. Das scheint die dritte Auslegung zu leisten, die ebenso alt ist wie die beiden zuerst genannten.

Jenes, was den Dingen ihr Ständiges und Kerniges gibt, aber zugleich auch die Art ihres sinnlichen Andranges verursacht, das Farbige, Tönende, Harte, das Massige, ist das Stoffliche der Dinge. In dieser Bestimmung des Dinges als Stoff (ὕλη) ist schon die Form (μορφή) mitgesetzt. Das Ständige eines Dinges, die Konsistenz, besteht darin, daß ein Stoff mit einer Form zusammensteht. Das Ding ist ein geformter Stoff. Diese Auslegung des Dinges beruft sich auf den unmittelbaren Anblick, mit dem uns das Ding durch sein Aussehen (εἶδος) angeht. Mit der Synthesis von Stoff und Form ist endlich der Dingbegriff gefunden, der auf die Naturdinge und die Gebrauchsdinge gleich gut paßt.

Dieser Dingbegriff setzt uns instand, die Frage nach dem Dinghaften im Kunstwerk zu beantworten. Das Dinghafte am Werk ist offenkundig der Stoff, aus dem es besteht. Der Stoff ist die Unterlage und das Feld für die künstlerische Formung. Aber diese einleuchtende und bekannte Feststellung hätten wir doch sogleich vorbringen können. Wozu gehen wir den Umweg über die sonst noch geltenden Dingbegriffe? Weil wir auch diesem Begriff vom Ding, der das Ding als den geformten Stoff vorstellt, mißtrauen.

Aber ist nicht gerade dieses Begriffspaar Stoff – Form in demjenigen Bereich gebräuchlich, innerhalb dessen wir uns bewegen sollen? Allerdings. Die Unterscheidung von Stoff und Form ist, und zwar in den verschiedensten Spielarten, *das Begriffsschema schlechthin für alle Kunsttheorie und Ästhetik.* Diese unbestreitbare Tatsache beweist aber weder, daß die Unterscheidung von Stoff und Form hinreichend begründet ist, noch daß sie ursprünglich in den Bereich der Kunst und des Kunstwerkes gehört. Zudem greift der Geltungsbereich auch dieses Begriffspaares seit langem schon weit über das Gebiet der Ästhetik hinaus. Form und Inhalt sind die Allerweltsbegriffe, unter die sich alles und jedes bringen läßt. Wird gar noch die Form dem Rationalen zugeordnet und dem Ir-rationalen der Stoff, nimmt man das Rationale als das Logische und das Irrationale als das

Alogische, wird mit dem Begriffspaar Form – Stoff noch die Subjekt-Objekt-Beziehung gekoppelt, dann verfügt das Vorstellen über eine Begriffsmechanik, der nichts widerstehen kann.

Steht es aber so mit der Unterscheidung Stoff und Form, wie sollen wir dann noch mit ihrer Hilfe den besonderen Bereich der bloßen Dinge im Unterschied vom übrigen Seienden fassen? Doch vielleicht gewinnt diese Kennzeichnung nach Stoff und Form ihre Bestimmungskraft zurück, wenn wir nur die Ausweitung und Entleerung dieser Begriffe rückgängig machen. Gewiß, aber dies setzt voraus, daß wir wissen, in welchem Bezirk des Seienden sie ihre echte Bestimmungskraft erfüllen. Daß dieses der Bereich der bloßen Dinge sei, ist bisher nur eine Annahme. Der Hinweis auf die ausgiebige Verwendung dieses Begriffsgefüges in der Ästhetik könnte eher auf den Gedanken bringen, daß Stoff und Form angestammte Bestimmungen des Wesens des Kunstwerkes sind und erst von da auf das Ding zurückübertragen wurden. Wo hat das Stoff-Form-Gefüge seinen Ursprung, im Dinghaften des Dinges oder im Werkhaften des Kunstwerkes?

Der in sich ruhende Granitblock ist ein Stoffliches in einer bestimmten, wenngleich ungefügen Form. Form meint hier die räumlich örtliche Verteilung und Anordnung der Stoffteile, die einen besonderen Umriß, nämlich den eines Blockes, zur Folge hat. Aber ein in einer Form stehender Stoff ist auch der Krug, ist die Axt, sind die Schuhe. Hier ist sogar die Form als Umriß nicht erst die Folge einer Stoffverteilung. Die Form bestimmt umgekehrt die Anordnung des Stoffes. Nicht nur dies, sie zeichnet sogar die jeweilige Artung und Auswahl des Stoffes vor: Undurchlässiges für den Krug, hinreichend

Hartes für die Axt, Festes und zugleich Biegsames für die Schuhe. Die hier waltende Verflechtung von Form und Stoff ist überdies im voraus von dem her geregelt, wozu Krug, Axt, Schuhe dienen. Solche Dienlichkeit wird dem Seienden von der Art des Kruges, der Axt, der Schuhe nie nachträglich zugewiesen und aufgesetzt. Sie ist aber auch nichts, was als Zweck irgendwo darüber schwebt.

Dienlichkeit ist jener Grundzug, aus dem her dieses Seiende uns anblickt, d. h. anblitzt und damit anwest und so dieses Seiende ist. In solcher Dienlichkeit gründen sowohl die Formgebung als auch die mit ihr vorgegebene Stoffwahl und somit die Herrschaft des Gefüges von Stoff und Form. Seiendes, das ihr untersteht, ist immer Erzeugnis einer Anfertigung. Das Erzeugnis wird verfertigt als ein Zeug zu etwas. Darnach sind Stoff und Form als Bestimmungen des Seienden im Wesen des Zeuges beheimatet. Dieser Name nennt das eigens zu seinem Gebrauch und Brauch Hergestellte. Stoff und Form sind keinesfalls ursprüngliche Bestimmungen der Dingheit des bloßen Dinges.

Das Zeug, z. B. das Schuhzeug, ruht als fertiges auch in sich wie das bloße Ding, aber es hat nicht wie der Granitblock jenes Eigenwüchsige. Andrerseits zeigt das Zeug eine Verwandtschaft mit dem Kunstwerk, sofern es ein von Menschenhand Hervorgebrachtes ist. Indes gleicht das Kunstwerk durch sein selbstgenügsames Anwesen eher wieder dem eigenwüchsigen und zu nichts gedrängten bloßen Ding. Dennoch rechnen wir die Werke nicht unter die bloßen Dinge. Durchgängig sind die Gebrauchsdinge um uns herum die nächsten und eigentlichen Dinge. So ist das Zeug halb Ding, weil durch die Dinglichkeit bestimmt, und doch mehr;

zugleich halb Kunstwerk und doch weniger, weil ohne die Selbstgenügsamkeit des Kunstwerkes. Das Zeug hat eine eigentümliche Zwischenstellung zwischen dem Ding und dem Werk, gesetzt daß eine solche verrechnende Aufreihung erlaubt ist.

Das Stoff-Form-Gefüge aber, wodurch zunächst das Sein des Zeuges bestimmt wird, gibt sich leicht als die unmittelbar verständliche Verfassung jedes Seienden, weil hier der anfertigende Mensch selbst daran beteiligt ist, nämlich bei der Weise, wie ein Zeug ins Sein kommt. Insofern das Zeug eine Zwischenstellung zwischen dem bloßen Ding und dem Werk einnimmt, liegt es nahe, mit Hilfe des Zeugseins (des Stoff-Form-Gefüges) auch das nicht zeughafte Seiende, Dinge und Werke und schließlich alles Seiende zu begreifen.

Die Neigung, das Stoff-Form-Gefüge für *die* Verfassung eines jeden Seienden zu halten, empfängt jedoch dadurch noch einen besonderen Antrieb, daß im voraus auf Grund eines Glaubens, nämlich des biblischen, das Ganze des Seienden als Geschaffenes, und d. h. hier Angefertigtes, vorgestellt wird. Die Philosophie dieses Glaubens kann zwar versichern, daß alles schöpferische Wirken Gottes anders vorzustellen sei als das Tun eines Handwerkers. Wenn jedoch zugleich oder gar im vorhinein zufolge einer geglaubten Vorbestimmung der thomistischen Philosophie zur Auslegung der Bibel das ens creatum aus der Einheit von materia und forma gedacht wird, dann ist der Glaube aus einer Philosophie her gedeutet, deren Wahrheit in einer Unverborgenheit des Seienden beruht, die anderer Art ist als die im Glauben geglaubte Welt.

Der im Glauben gegründete Schöpfungsgedanke kann nun zwar seine leitende Kraft für das Wissen vom Seienden im Ganzen verlieren. Allein die einmal angesetzte, einer fremdartigen Philosophie entlehnte theologische Auslegung alles Seienden, die Anschauung der Welt nach Stoff und Form, kann gleichwohl bleiben. Das geschieht im Übergang vom Mittelalter zur Neuzeit. Deren Metaphysik beruht mit auf dem mittelalterlich geprägten Form-Stoff-Gefüge, das selbst nur noch in den Wörtern an das verschüttete Wesen von εἶδος und ὕλη erinnert. So ist die Auslegung des Dinges nach Stoff und Form, sie bleibe mittelalterlich oder sie werde kantisch-transzendental, geläufig und selbstverständlich geworden. Aber deshalb ist sie nicht weniger als die anderen genannten Auslegungen der Dingheit des Dinges ein Überfall auf das Dingsein des Dinges.

Schon indem wir die eigentlichen Dinge bloße Dinge nennen, verrät sich die Sachlage. Das »bloß« meint doch die Entblößung vom Charakter der Dienlichkeit und der Anfertigung. Das bloße Ding ist eine Art von Zeug, obzwar das seines Zeugseins entkleidete Zeug. Das Dingsein besteht in dem, was dann noch übrigbleibt. Aber dieser Rest ist in seinem Seinscharakter nicht eigens bestimmt. Es bleibt fraglich, ob auf dem Wege des Abzugs alles Zeughaften das Dinghafte des Dinges jemals zum Vorschein kommt. So stellt sich auch die dritte Weise der Dingauslegung, diejenige am Leitfaden des Stoff-Form-Gefüges, als ein Überfall auf das Ding heraus.

Die drei aufgeführten Weisen der Bestimmung der Dingheit begreifen das Ding als den Träger von Merkmalen, als die Einheit einer Empfindungsmannigfaltigkeit, als den geformten Stoff. Im Verlauf der Geschichte der Wahrheit über das Seiende haben sich die genannten Auslegungen untereinander noch verkoppelt, was jetzt übergangen sei. In dieser Verkoppelung haben sie die in ihnen angelegte Ausweitung noch verstärkt, so daß sie in gleicher Weise vom Ding, vom Zeug und vom Werk gelten. So erwächst aus ihnen die Denkweise, nach der wir nicht nur über Ding, Zeug und Werk im besonderen, sondern über alles Seiende im allgemeinen denken. Diese längst geläufig gewordene Denkweise greift allem unmittelbaren Erfahren des Seienden vor. Der Vorgriff unterbindet die Besinnung auf das Sein des jeweilig Seienden. So kommt es, daß die herrschenden Dingbegriffe uns den Weg zum Dinghaften des Dinges sowohl, als auch zum Zeughaften des Zeuges und erst recht zum Werkhaften des Werkes versperren.

Diese Tatsache ist der Grund, weshalb es not tut, von diesen Dingbegriffen zu wissen, um in diesem Wissen ihre Herkunft und schrankenlose Anmaßung, aber auch den Schein ihrer Selbstverständlichkeit zu bedenken. Dieses Wissen ist dann umso nötiger, wenn wir den Versuch wagen, das Dinghafte des Dinges, das Zeughafte des Zeuges und das Werkhafte des Werkes in den Blick und zum Wort zu bringen. Dazu ist aber nur eines nötig: unter Fernhaltung der Vor- und Übergriffe jener Denkweisen das Ding z. B. in seinem Dingsein auf sich beruhen lassen. Was scheint leichter, als das Seiende nur das Seiende sein zu lassen, das es ist? Oder kommen wir mit dieser Aufgabe vor das Schwerste, zumal wenn ein solches Vorhaben – das Seiende sein zu lassen, wie es ist – das Gegenteil darstellt von jener Gleichgültigkeit, die dem Seienden zugunsten eines ungeprüften Seinsbegriffes den Rücken kehrt? Wir sollen uns dem Seienden zukehren, an ihm selbst auf dessen Sein denken, aber es dadurch zugleich in seinem Wesen auf sich beruhen lassen.

Diese Anstrengung des Denkens scheint bei der Bestimmung der Dingheit des Dinges den größten Widerstand zu finden; denn wo anders möchte sonst das Mißlingen der genannten Versuche seinen Grund haben? Das unscheinbare Ding entzieht sich dem Denken am hartnäckigsten. Oder sollte dieses Sichzurückhalten des bloßen Dinges, sollte dieses in sich beruhende Zunichtsgedrängtsein gerade zum Wesen des Dinges gehören? Muß dann jenes Befremdende und Verschlossene im Wesen des Dinges nicht für ein Denken, das versucht, das Ding zu denken, das Vertraute werden? Steht es so, dann dürfen wir den Weg zum Dinghaften des Dinges nicht erzwingen.

Daß sich die Dingheit des Dinges besonders schwer und selten sagen läßt, dafür ist die angedeutete Geschichte ihrer Auslegung ein untrüglicher Beleg. Diese Geschichte deckt sich mit dem Schicksal, dem gemäß das abendländische Denken bisher das Sein des Seienden gedacht hat. Allein, wir stellen dies jetzt nicht nur fest. Wir vernehmen in dieser Geschichte zugleich einen Wink. Ist es Zufall, daß in der Dingauslegung diejenige eine besondere Vorherrschaft erlangte, die am Leitfaden von Stoff und Form geschieht? Diese Dingbestimmung entstammt einer Auslegung des Zeugseins des Zeuges. Dieses Seiende, das Zeug, ist dem Vorstellen des Menschen in einer besonderen Weise nahe, weil es durch unser eigenes Erzeugen ins Sein gelangt. Das so in seinem Sein vertrautere Seiende, das Zeug, hat zugleich eine eigentümliche Zwischenstellung zwischen dem Ding und dem Werk. Wir folgen diesem Wink und suchen zunächst das Zeughafte des Zeuges. Vielleicht geht uns von da etwas über das Dinghafte des Dinges und das Werkhafte des Werkes auf. Wir müssen nur vermeiden,

Ding und Werk vorschnell zu Abarten des Zeuges zu machen. Wir sehen jedoch von der Möglichkeit ab, daß auch noch in der Weise, wie das Zeug ist, wesensgeschichtliche Unterschiede walten.

Doch welcher Weg führt zum Zeughaften des Zeuges? Wie sollen wir erfahren, was das Zeug in Wahrheit ist? Das jetzt nötige Vorgehen muß sich offenbar von jenen Versuchen fernhalten, die sogleich wieder die Übergriffe der gewohnten Auslegungen mit sich führen. Davor sind wir am ehesten gesichert, wenn wir ein Zeug ohne eine philosophische Theorie einfach beschreiben.

Wir wählen als Beispiel ein gewöhnliches Zeug: ein Paar Bauernschuhe. Zu deren Beschreibung bedarf es nicht einmal der Vorlage wirklicher Stücke dieser Art von Gebrauchszeug. Jedermann kennt sie. Aber da es doch auf eine unmittelbare Beschreibung ankommt, mag es gut sein, die Veranschaulichung zu erleichtern. Für diese Nachhilfe genügt eine bildliche Darstellung. Wir wählen dazu ein bekanntes Gemälde von van Gogh, der solches Schuhzeug mehrmals gemalt hat. Aber was ist da viel zu sehen? Jedermann weiß, was zum Schuh gehört. Wenn es nicht gerade Holz- oder Bastschuhe sind, finden sich da die Sohle aus Leder und das Oberleder, beide zusammengefügt durch Nähte und Nägel. Solches Zeug dient zur Fußbekleidung. Entsprechend der Dienlichkeit, ob zur Feldarbeit oder zum Tanz, sind Stoff und Form anders.

Solche richtigen Angaben erläutern nur, was wir schon wissen. Das Zeugsein des Zeuges besteht in seiner Dienlichkeit. Aber wie steht es mit dieser selbst? Fassen wir mit ihr schon das Zeughafte des Zeuges? Müssen wir nicht, damit das gelingt, das dienliche Zeug in seinem Dienst aufsuchen? Die Bäuerin auf dem Acker trägt die

Schuhe. Hier erst sind sie, was sie sind. Sie sind dies um so echter, je weniger die Bäuerin bei der Arbeit an die Schuhe denkt oder sie gar anschaut oder auch nur spürt. Sie steht und geht in ihnen. So dienen die Schuhe wirklich. An diesem Vorgang des Zeuggebrauches muß uns das Zeughafte wirklich begegnen.

Solange wir uns dagegen nur im allgemeinen ein Paar Schuhe vergegenwärtigen oder gar im Bilde die bloß dastehenden leeren, ungebrauchten Schuhe ansehen, werden wir nie erfahren, was das Zeugsein des Zeuges in Wahrheit ist. Nach dem Gemälde von van Gogh können wir nicht einmal feststellen, wo diese Schuhe stehen. Um dieses Paar Bauernschuhe herum ist nichts, wozu und wohin sie gehören könnten, nur ein unbestimmter Raum. Nicht einmal Erdklumpen von der Ackerscholle oder vom Feldweg kleben daran, was doch wenigstens auf ihre Verwendung hinweisen könnte. Ein Paar Bauernschuhe und nichts weiter. Und dennoch.

Aus der dunklen Öffnung des ausgetretenen Inwendigen des Schuhzeuges starrt die Mühsal der Arbeitsschritte. In der derbgediegenen Schwere des Schuhzeuges ist aufgestaut die Zähigkeit des langsamen Ganges durch die weithin gestreckten und immer gleichen Furchen des Ackers, über dem ein rauher Wind steht. Auf dem Leder liegt das Feuchte und Satte des Bodens. Unter den Sohlen schiebt sich hin die Einsamkeit des Feldweges durch den sinkenden Abend. In dem Schuhzeug schwingt der verschwiegene Zuruf der Erde, ihr stilles Verschenken des reifenden Korns und ihr unerklärtes Sichversagen in der öden Brache des winterlichen Feldes. Durch dieses Zeug zieht das klaglose Bangen um die Sicherheit des Brotes, die wortlose Freude des Wiederüberstehens der Not, das Beben in der Ankunft der Geburt und das Zittern in der

27

Umdrohung des Todes. Zur *Erde* gehört dieses Zeug und in der *Welt* der Bäuerin ist es behütet. Aus diesem behüteten Zugehören ersteht das Zeug selbst zu seinem Insichruhen.

Aber all dieses sehen wir vielleicht nur dem Schuhzeug im Bilde an. Die Bäuerin dagegen trägt einfach die Schuhe. Wenn dieses einfache Tragen so einfach wäre. So oft die Bäuerin am späten Abend in einer harten, aber gesunden Müdigkeit die Schuhe wegstellt und im noch dunklen Morgendämmern schon wieder nach ihnen greift, oder am Feiertag an ihnen vorbeikommt, dann weiß sie ohne Beobachten und Betrachten all jenes. Das Zeugsein des Zeuges besteht zwar in seiner Dienlichkeit. Aber diese selbst ruht in der Fülle eines wesentlichen Seins des Zeuges. Wir nennen es die Verläßlichkeit. Kraft ihrer ist die Bäuerin durch dieses Zeug eingelassen in den schweigenden Zuruf der Erde, kraft der Verläßlichkeit des Zeuges ist sie ihrer Welt gewiß. Welt und Erde sind ihr und denen, die mit ihr in ihrer Weise sind, nur so da: im Zeug. Wir sagen »nur« und irren dabei; denn die Verläßlichkeit des Zeuges gibt erst der einfachen Welt ihre Geborgenheit und sichert der Erde die Freiheit ihres ständigen Andranges.

Das Zeugsein des Zeuges, die Verläßlichkeit, hält alle Dinge je nach ihrer Weise und Weite in sich gesammelt. Die Dienlichkeit des Zeuges ist jedoch nur die Wesensfolge der Verläßlichkeit. Jene schwingt in dieser und wäre ohne sie nichts. Das einzelne Zeug wird abgenutzt und verbraucht; aber zugleich gerät damit auch das Gebrauchen selbst in die Vernutzung, schleift sich ab und wird gewöhnlich. So kommt das Zeugsein in die Verödung, sinkt zum bloßen Zeug herab. Solche Verödung des Zeugseins ist das Hinschwinden der Verläßlichkeit. Dieser Schwund, dem die Gebrauchsdinge dann jene langweilig aufdringliche Gewöhnlichkeit verdanken, ist aber nur ein Zeugnis mehr für das ursprüngliche Wesen des Zeugseins. Die vernutzte Gewöhnlichkeit des Zeuges drängt sich dann als die einzige und ihm scheinbar ausschließlich eigene Seinsart vor. Nur noch die blanke Dienlichkeit ist jetzt sichtbar. Sie erweckt den Anschein, der Ursprung des Zeuges liege in der bloßen Anfertigung, die einem Stoff eine Form aufprägt. Gleichwohl kommt das Zeug in seinem echten Zeugsein weiter her. Stoff und Form und die Unterscheidung beider sind tieferen Ursprungs.

Die Ruhe des in sich ruhenden Zeuges besteht in der Verläßlichkeit. An ihr ersehen wir erst, was das Zeug in Wahrheit ist. Aber noch wissen wir nichts von dem, was wir zunächst suchten, vom Dinghaften des Dinges. Vollends wissen wir jenes nicht, was wir eigentlich und allein suchen: das Werkhafte des Werkes im Sinne des Kunstwerkes.

Oder sollten wir jetzt unversehens, gleichsam beiher, schon etwas über das Werksein des Werkes erfahren haben?

Das Zeugsein des Zeuges wurde gefunden. Aber wie? Nicht durch eine Beschreibung und Erklärung eines wirklich vorliegenden Schuhzeuges; nicht durch einen Bericht über den Vorgang der Anfertigung von Schuhen; auch nicht durch das Beobachten einer hier und dort vorkommenden wirklichen Verwendung von Schuhzeug, sondern nur dadurch, daß wir uns vor das Gemälde van Goghs brachten. Dieses hat gesprochen. In der Nähe des Werkes sind wir jäh anderswo gewesen, als wir gewöhnlich zu sein pflegen.

Das Kunstwerk gab zu wissen, was das Schuhzeug in

Wahrheit ist. Es wäre die schlimmste Selbsttäuschung, wollten wir meinen, unser Beschreiben habe als ein subjektives Tun alles so ausgemalt und dann hineingelegt. Wenn hier etwas fragwürdig ist, dann nur dieses, daß wir in der Nähe des Werkes zu wenig erfahren und das Erfahren zu grob und zu unmittelbar gesagt haben. Aber vor allem diente das Werk nicht, wie es zunächst scheinen mochte, lediglich zur besseren Veranschaulichung dessen, was ein Zeug ist. Vielmehr kommt erst durch das Werk und nur im Werk das Zeugsein des Zeuges eigens zu seinem Vorschein.

Was geschieht hier? Was ist im Werk am Werk? Van Goghs Gemälde ist die Eröffnung dessen, was das Zeug, das Paar Bauernschuhe, in Wahrheit *ist*. Dieses Seiende tritt in die Unverborgenheit seines Seins heraus. Die Unverborgenheit des Seienden nannten die Griechen ἀλήθεια. Wir sagen Wahrheit und denken wenig genug bei diesem Wort. Im Werk ist, wenn hier eine Eröffnung des Seienden geschieht in das, was und wie es ist, ein Geschehen der Wahrheit am Werk.

Im Werk der Kunst hat sich die Wahrheit des Seienden ins Werk gesetzt. »Setzen« sagt hier: zum Stehen bringen. Ein Seiendes, ein Paar Bauernschuhe, kommt im Werk in das Lichte seines Seins zu stehen. Das Sein des Seienden kommt in das Ständige seines Scheinens.

So wäre denn das Wesen der Kunst dieses: das Sich-ins-Werk-Setzen der Wahrheit des Seienden. Aber bislang hatte es die Kunst doch mit dem Schönen und der Schönheit zu tun und nicht mit der Wahrheit. Diejenigen Künste, die solche Werke hervorbringen, nennt man im Unterschied zu den handwerklichen Künsten, die Zeug verfertigen, die schönen Künste. In der schönen Kunst ist nicht die Kunst schön, sondern sie heißt so, weil sie das Schöne hervorbringt. Wahrheit dagegen gehört in die Logik. Die Schönheit aber ist der Ästhetik aufbehalten.

Oder soll gar mit dem Satz, die Kunst sei das Sich-ins-Werk-Setzen der Wahrheit, jene glücklich überwundene Meinung wieder aufleben, die Kunst sei eine Nachahmung und Abschilderung des Wirklichen? Die Wiedergabe des Vorhandenen verlangt allerdings die Übereinstimmung mit dem Seienden, die Anmessung an dieses; *adaequatio* sagt das Mittelalter; ὁμοίωσις sagt bereits Aristoteles. Übereinstimmung mit dem Seienden gilt seit langem als das Wesen der Wahrheit. Aber meinen wir denn, jenes Gemälde van Goghs male ein vorhandenes Paar Bauernschuhe ab und es sei deshalb ein Werk, weil ihm dies gelinge? Meinen wir, das Gemälde entnehme dem Wirklichen ein Abbild und versetze dies in ein Produkt der künstlerischen ... Produktion? Keineswegs.

Also handelt es sich im Werk nicht um die Wiedergabe des jeweils vorhandenen einzelnen Seienden, wohl dagegen um die Wiedergabe des allgemeinen Wesens der Dinge. Aber wo und wie ist denn dieses allgemeine Wesen, so daß die Kunstwerke mit ihm übereinstimmen? Mit welchem Wesen welchen Dinges soll denn ein griechischer Tempel übereinstimmen? Wer könnte das Unmögliche behaupten, in dem Bauwerk werde die Idee des Tempels dargestellt? Und doch ist in solchem Werk, wenn es ein Werk ist, die Wahrheit ins Werk gesetzt. Oder denken wir an Hölderlins Hymne »Der Rhein«. Was ist hier dem Dichter und wie ist es ihm vorgegeben, damit es dann im Gedicht wiedergegeben werden könnte? Mag nun auch im Fall dieser Hymne und ähnlicher Gedichte der Gedanke an ein Abbildverhältnis zwi-

schen einem schon Wirklichen und dem Kunstwerk
offenkundig versagen, durch ein Werk von der Art, die
C. F. Meyers Gedicht »Der römische Brunnen« zeigt,
bestätigt sich aber jene Meinung, daß das Werk abbilde,
auf das beste.

Der römische Brunnen

Aufsteigt der Strahl und fallend gießt
Er voll der Marmorschale Rund,
Die, sich verschleiernd, überfließt
In einer zweiten Schale Grund;
Die zweite gibt, sie wird zu reich,
Der dritten wallend ihre Flut,
Und jede nimmt und gibt zugleich
Und strömt und ruht.

Hier ist weder ein wirklich vorhandener Brunnen poe-
tisch abgemalt, noch ist das allgemeine Wesen eines
römischen Brunnens wiedergegeben. Aber die Wahrheit
ist ins Werk gesetzt. Welche Wahrheit geschieht im
Werk? Kann Wahrheit überhaupt geschehen und so
geschichtlich sein? Wahrheit, so sagt man, sei doch etwas
Zeitloses und Überzeitliches.
Wir suchen die Wirklichkeit des Kunstwerkes, um dort
wirklich die Kunst zu finden, die in ihm waltet. Als das
nächste Wirkliche am Werk erwies sich der dingliche
Unterbau. Um dieses Dingliche zu fassen, reichen aber
die überlieferten Dingbegriffe nicht aus; denn diese selbst
verfehlen das Wesen des Dinghaften. Der vorherr-
schende Dingbegriff, Ding als geformter Stoff, ist nicht
einmal aus dem Wesen des Dinges, sondern aus dem
Wesen des Zeuges abgelesen. Auch zeigte sich, daß seit

langem schon das Zeugsein einen eigentümlichen Vorrang in der Auslegung des Seienden behauptet. Dieser
indessen nicht eigens bedachte Vorrang des Zeugseins
gab den Wink, die Frage nach dem Zeughaften erneut zu
stellen, aber unter Vermeidung der geläufigen Auslegungen.

Was das Zeug sei, ließen wir uns durch ein Werk sagen.
Dadurch kam, gleichsam unter der Hand, an den Tag,
was im Werk am Werk ist: die Eröffnung des Seienden in
seinem Sein: das Geschehnis der Wahrheit. Wenn nun
aber die Wirklichkeit des Werkes durch nichts anderes
bestimmt werden kann als durch das, was im Werk am
Werk ist, wie steht es dann mit unserem Vorhaben, das
wirkliche Kunstwerk in seiner Wirklichkeit aufzusu-
chen? Wir gingen fehl, solange wir die Wirklichkeit des
Werkes zunächst in jenem dinglichen Unterbau vermute-
ten. Wir stehen jetzt vor einem merkwürdigen Ergebnis
unserer Überlegungen, wenn das noch ein Ergebnis
genannt werden kann. Ein Zwiefaches wird klar:

Einmal: Die Mittel, das Dingliche am Werk zu fassen,
die herrschenden Dingbegriffe, reichen nicht zu.

Zum andern: Das, was wir damit als nächste Wirklichkeit des Werkes fassen wollten, der dingliche Unterbau,
gehört in solcher Weise nicht zum Werk.

Sobald wir es am Werk auf solches absehen, haben wir
unversehens das Werk als ein Zeug genommen, dem wir
außerdem noch einen Oberbau zubilligen, der das
Künstlerische enthalten soll. Aber das Werk ist kein
Zeug, das außerdem noch mit einem ästhetischen Wert
ausgestattet ist, der daran haftet. Dergleichen ist das
Werk so wenig, wie das bloße Ding ein Zeug ist, das nur
des eigentlichen Zeugcharakters, der Dienlichkeit und
Anfertigung, entbehrt.

Unsere Fragestellung nach dem Werk ist erschüttert, weil wir nicht nach dem Werk, sondern halb nach einem Ding und halb nach einem Zeug frugen. Allein dies war keine Fragestellung, die erst wir entwickelten. Es ist die Fragestellung der Ästhetik. Die Art, wie sie das Kunstwerk im voraus betrachtet, steht unter der Herrschaft der überlieferten Auslegung alles Seienden. Doch die Erschütterung dieser gewohnten Fragestellung ist nicht das Wesentliche. Worauf es ankommt, ist eine erste Öffnung des Blickes dafür, daß das Werkhafte des Werkes, das Zeughafte des Zeuges, das Dinghafte des Dinges uns erst näher kommen, wenn wir das Sein des Seienden denken. Dazu ist nötig, daß zuvor die Schranken des Selbstverständlichen fallen und die geläufigen Scheinbegriffe auf die Seite gestellt werden. Deshalb mußten wir einen Umweg gehen. Aber er bringt uns zugleich auf den Weg, der zu einer Bestimmung des Dinghaften am Werk führen kann. Das Dinghafte am Werk soll nicht weggeleugnet werden; aber dieses Dinghafte muß, wenn es schon zum Werksein des Werkes gehört, aus dem Werkhaften gedacht sein. Steht es so, dann führt der Weg zur Bestimmung der dinghaften Wirklichkeit des Werkes nicht über das Ding zum Werk, sondern über das Werk zum Ding.

Das Kunstwerk eröffnet auf seine Weise das Sein des Seienden. Im Werk geschieht diese Eröffnung, d. h. das Entbergen, d. h. die Wahrheit des Seienden. Im Kunstwerk hat sich die Wahrheit des Seienden ins Werk gesetzt. Die Kunst ist das Sich-ins-Werk-Setzen der Wahrheit. Was ist die Wahrheit selbst, daß sie sich zu Zeiten als Kunst ereignet? Was ist dieses Sich-ins-Werk-Setzen?

Der Ursprung des Kunstwerkes ist die Kunst. Aber was ist die Kunst? Wirklich ist die Kunst im Kunstwerk. Deshalb suchen wir zuvor die Wirklichkeit des Werkes. Worin besteht sie? Die Kunstwerke zeigen durchgängig, wenn auch in ganz verschiedener Weise, das Dinghafte. Der Versuch, diesen Dingcharakter des Werkes mit Hilfe der gewohnten Dingbegriffe zu fassen, mißlang. Nicht nur weil diese Dingbegriffe das Dinghafte nicht greifen, sondern weil wir das Werk mit der Frage nach seinem dinglichen Unterbau in einen Vorgriff zwingen, durch den wir uns den Zugang zum Werksein des Werkes verbauen. Über das Dinghafte am Werk kann nie befunden werden, solange sich das reine Insichstehen des Werkes nicht deutlich gezeigt hat.

Doch ist das Werk jemals an sich zugänglich? Damit dies glücken könnte, wäre nötig, das Werk aus allen Bezügen zu solchem, was ein anderes ist als es selbst, herauszurücken, um es allein für sich auf sich beruhen zu lassen. Aber dahin geht doch schon das eigenste Absehen des Künstlers. Das Werk soll durch ihn zu seinem reinen Insichselbststehen entlassen sein. Gerade in der großen Kunst, und von ihr allein ist hier die Rede, bleibt der Künstler gegenüber dem Werk etwas Gleichgültiges, fast wie ein im Schaffen sich selbst vernichtender Durchgang für den Hervorgang des Werkes.

So stehen und hängen denn die Werke selbst in den Sammlungen und Ausstellungen. Aber sind sie hier an sich als die Werke, die sie selbst sind, oder sind sie hier nicht eher als die Gegenstände des Kunstbetriebes? Die Werke werden dem öffentlichen und vereinzelten Kunstgenuß zugänglich gemacht. Amtliche Stellen übernehmen die Pflege und Erhaltung der Werke. Kunstkenner und Kunstrichter machen sich mit ihnen zu schaffen. Der Kunsthandel sorgt für den Markt. Die Kunstgeschichtsforschung macht die Werke zum Gegenstand einer Wissenschaft. Doch begegnen uns in diesem mannigfachen Umtrieb die Werke selbst?

Die »Ägineten« in der Münchener Sammlung, die »Antigone« des Sophokles in der besten kritischen Ausgabe, sind als die Werke, die sie sind, aus ihrem eigenen Wesensraum herausgerissen. Ihr Rang und ihre Eindruckskraft mögen noch so groß, ihre Erhaltung mag noch so gut, ihre Deutung noch so sicher sein, die Versetzung in die Sammlung hat sie ihrer Welt entzogen. Aber auch wenn wir uns bemühen, solche Versetzungen der Werke aufzuheben oder zu vermeiden, indem wir z. B. den Tempel in Paestum an seinem Ort und den Bamberger Dom an seinem Platz aufsuchen, die Welt der vorhandenen Werke ist zerfallen.

Weltentzug und Weltzerfall sind nie mehr rückgängig zu machen. Die Werke sind nicht mehr die, die sie waren. Sie selbst sind es zwar, die uns da begegnen, aber sie selbst sind die Gewesenen. Als die Gewesenen stehen sie uns im Bereich der Überlieferung und Aufbewahrung entgegen. Fortan bleiben sie nur solche Gegenstände. Ihr Entgegenstehen ist zwar noch eine Folge jenes vormaligen Insichstehens, aber es ist nicht mehr dieses selbst. Dieses ist aus ihnen geflohen. Aller Kunstbetrieb, er mag aufs äußerste gesteigert werden und alles um der Werke selbst willen betreiben, reicht immer nur bis an das Gegenstandsein der Werke. Doch das bildet nicht ihr Werksein.

Aber bleibt das Werk dann noch Werk, wenn es außerhalb eines jeden Bezuges steht? Gehört nicht zum Werk, daß es in Bezügen steht? Allerdings, nur bleibt zu fragen, in welchen es steht.

Wohin gehört ein Werk? Das Werk gehört als Werk einzig in den Bereich, der durch es selbst eröffnet wird. Denn das Werksein des Werkes west und west nur in solcher Eröffnung. Wir sagten, im Werk sei das Geschehnis der Wahrheit am Werke. Der Hinweis auf das Bild van Goghs versuchte dieses Geschehnis zu nennen. Im Hinblick darauf ergab sich die Frage, was Wahrheit sei und wie Wahrheit geschehen könne.

Wir fragen jetzt die Wahrheitsfrage im Blick auf das Werk. Damit wir jedoch mit dem, was in der Frage steht, vertrauter werden, ist es nötig, das Geschehnis der Wahrheit im Werk erneut sichtbar zu machen. Für diesen Versuch sei mit Absicht ein Werk gewählt, das nicht zur darstellenden Kunst gerechnet wird.

Ein Bauwerk, ein griechischer Tempel, bildet nichts ab. Er steht einfach da inmitten des zerklüfteten Felsentales. Das Bauwerk umschließt die Gestalt des Gottes und läßt sie in dieser Verbergung durch die offene Säulenhalle hinausstehen in den heiligen Bezirk. Durch den Tempel west der Gott im Tempel an. Dieses Anwesen des Gottes ist in sich die Ausbreitung und Ausgrenzung des Bezirkes als eines heiligen. Der Tempel und sein Bezirk verschweben aber nicht in das Unbestimmte. Das Tempelwerk fügt erst und sammelt zugleich die Einheit jener Bahnen und Bezüge um sich, in denen Geburt und Tod, Unheil und Segen, Sieg und Schmach, Ausharren und Verfall – dem Menschenwesen die Gestalt seines Geschickes gewinnen. Die waltende Weite dieser offenen Bezüge ist die Welt dieses geschichtlichen Volkes. Aus ihr und in ihr kommt es erst auf sich selbst zum Vollbringen seiner Bestimmung zurück.

Dastehend ruht das Bauwerk auf dem Felsgrund. Dies Aufruhen des Werkes holt aus dem Fels das Dunkle seines ungefügen und doch zu nichts gedrängten Tragens heraus. Dastehend hält das Bauwerk dem über es wegrasenden Sturm stand und zeigt so erst den Sturm selbst in seiner Gewalt. Der Glanz und das Leuchten des Gesteins, anscheinend selbst nur von Gnaden der Sonne, bringt doch erst das Lichte des Tages, die Weite des Himmels, die Finsternis der Nacht zum Vor-schein. Das sichere Ragen macht den unsichtbaren Raum der Luft sichtbar. Das Unerschütterte des Werkes steht ab gegen das Wogen der Meerflut und läßt aus seiner Ruhe deren Toben erscheinen. Der Baum und das Gras, der Adler und der Stier, die Schlange und die Grille gehen erst in ihre abgehobene Gestalt ein und kommen so als das zum Vorschein, was sie sind. Dieses Herauskommen und Aufgehen selbst und im Ganzen nannten die Griechen frühzeitig die Φύσις. Sie lichtet zugleich jenes, worauf und worin der Mensch sein Wohnen gründet. Wir nennen es die *Erde.* Von dem, was das Wort hier sagt, ist sowohl die Vorstellung einer abgelagerten Stoffmasse als auch die nur astronomische eines Planeten fernzuhalten. Die Erde ist das, wohin das Aufgehen alles Aufgehende, und zwar als ein solches zurückbirgt. Im Aufgehenden west die Erde als das Bergende.

Das Tempelwerk eröffnet dastehend eine Welt und stellt diese zugleich zurück auf die Erde, die dergestalt selbst erst als der heimatliche Grund herauskommt. Niemals aber sind die Menschen und die Tiere, die Pflanzen und die Dinge als unveränderliche Gegenstände vorhanden und bekannt, um dann beiläufig für den Tempel, der eines Tages auch noch zu dem Anwesenden hinzukommt, die passende Umgebung darzustellen. Wir kommen dem, was *ist*, eher nahe, wenn wir alles umgekehrt denken, gesetzt freilich, daß wir im voraus den Blick dafür haben, wie alles sich anders uns zukehrt. Das bloße Umkehren, für sich vollzogen, ergibt nichts.

Der Tempel gibt in seinem Dastehen den Dingen erst ihr Gesicht und den Menschen erst die Aussicht auf sich selbst. Diese Sicht bleibt so lange offen, als das Werk ein Werk ist, so lange als der Gott nicht aus ihm geflohen. So steht es auch mit dem Bildwerk des Gottes, das ihm der Sieger im Kampfspiel weiht. Es ist kein Abbild, damit man an ihm leichter zur Kenntnis nehme, wie der Gott aussieht, aber es ist ein Werk, das den Gott selbst anwesen läßt und so der Gott selbst *ist*. Dasselbe gilt vom Sprachwerk. In der Tragödie wird nichts auf- und vorgeführt, sondern der Kampf der neuen Götter gegen die alten wird gekämpft. Indem das Sprachwerk im Sagen des Volkes aufsteht, redet es nicht über diesen Kampf, sondern verwandelt das Sagen des Volkes dahin, daß jetzt jedes wesentliche Wort diesen Kampf führt und zur Entscheidung stellt, was heilig ist und was unheilig, was groß und was klein, was wacker und was feig, was edel und was flüchtig, was Herr und was Knecht (vgl. Heraklit, Fragm. 53).

Worin besteht also das Werksein des Werkes? Im ständigen Ausblick auf das soeben roh genug Angezeigte seien zunächst zwei Wesenszüge des Werkes deutlicher gemacht. Dabei gehen wir von dem längst bekannten Vordergründigen des Werkseins aus, dem Dinghaften, das unserem gewohnten Verhalten zum Werk einen Halt gibt.

Wenn ein Werk in einer Sammlung untergebracht oder in einer Ausstellung angebracht wird, sagt man auch, es werde aufgestellt. Aber dieses Aufstellen ist wesentlich verschieden von der Aufstellung im Sinne der Erstellung eines Bauwerkes, der Errichtung eines Standbildes, des Darstellens der Tragödie in der Festfeier. Solche Aufstellung ist das Errichten im Sinne von Weihen und Rühmen. Aufstellung meint hier nicht mehr das bloße Anbringen. Weihen heißt heiligen in dem Sinne, daß in der werkhaften Erstellung das Heilige als Heiliges eröffnet und der Gott in das Offene seiner Anwesenheit hereingerufen wird. Zum Weihen gehört das Rühmen als die Würdigung der Würde und des Glanzes des Gottes. Würde und Glanz sind nicht Eigenschaften, neben und hinter denen außerdem noch der Gott steht, sondern in der Würde, im Glanz west der Gott an. Im Abglanz dieses Glanzes glänzt, d. h. lichtet sich jenes, was wir die Welt nannten. Er-richten sagt: Öffnen das Rechte im Sinne des entlang weisenden Maßes, als welches das Wesenhafte die Weisungen gibt. Warum aber ist die Aufstellung des Werkes eine weihend-rühmende Errichtung? Weil das Werk in seinem Werksein dieses fordert. Wie kommt das Werk zur Forderung einer solchen Aufstellung? Weil es selbst in seinem Werksein aufstellend ist. Was stellt das Werk als Werk auf? In-sich-aufragend eröffnet das Werk eine *Welt* und hält diese im waltenden Verbleib.

Werksein heißt: eine Welt aufstellen. Aber was ist das, eine Welt? Im Hinweis auf den Tempel wurde es angedeutet. Das Wesen von Welt läßt sich auf dem Wege, den wir hier gehen müssen, nur anzeigen. Sogar dieses Anzeigen beschränkt sich auf die Abwehr von solchem, was zunächst den Wesensblick beirren möchte.

Welt ist nicht die bloße Ansammlung der vorhandenen abzählbaren oder unabzählbaren, bekannten und unbekannten Dinge. Welt ist aber auch nicht ein nur eingebildeter, zur Summe des Vorhandenen hinzu vorgestellter

Rahmen. *Welt weltet* und ist seiender als das Greifbare und Vernehmbare, worin wir uns heimisch glauben. Welt ist nie ein Gegenstand, der vor uns steht und angeschaut werden kann. Welt ist das immer Ungegenständliche, dem wir unterstehen, solange die Bahnen von Geburt und Tod, Segen und Fluch uns in das Sein entrückt halten. Wo die wesenhaften Entscheidungen unserer Geschichte fallen, von uns übernommen und verlassen, verkannt und wieder erfragt werden, da weltet die Welt. Der Stein ist weltlos. Pflanze und Tier haben gleichfalls keine Welt; aber sie gehören dem verhüllten Andrang einer Umgebung, in die sie hineinhängen. Dagegen hat die Bäuerin eine Welt, weil sie sich im Offenen des Seienden aufhält. Das Zeug gibt in seiner Verläßlichkeit dieser Welt eine eigene Notwendigkeit und Nähe. Indem eine Welt sich öffnet, bekommen alle Dinge ihre Weile und Eile, ihre Ferne und Nähe, ihre Weite und Enge. Im Welten ist jene Geräumigkeit versammelt, aus der sich die bewahrende Huld der Götter verschenkt oder versagt. Auch das Verhängnis des Ausbleibens des Gottes ist eine Weise, wie Welt weltet.
Indem ein Werk Werk ist, räumt es jene Geräumigkeit ein. Einräumen bedeutet hier zumal: freigeben das Freie des Offenen und einrichten dieses Freie in seinem Gezüge. Dieses Ein-richten west aus dem genannten Errichten. Das Werk stellt als Werk eine Welt auf. Das Werk hält das Offene der Welt offen. Aber die Aufstellung einer Welt ist nur der eine hier zu nennende Wesenszug im Werksein des Werkes. Den anderen und dazugehörigen versuchen wir in der gleichen Weise aus dem Vordergründigen des Werkes her sichtbar zu machen.
Wenn ein Werk aus diesem oder jenem Werkstoff –

Stein, Holz, Erz, Farbe, Sprache, Ton – hervorgebracht wird, sagt man auch, es sei daraus hergestellt. Aber so wie das Werk eine Aufstellung verlangt im Sinne der weihend-rühmenden Errichtung, weil das Werksein des Werkes in einer Aufstellung von Welt besteht, ebenso wird die Herstellung nötig, weil das Werksein des Werkes selbst den Charakter der Herstellung hat. Das Werk als Werk ist in seinem Wesen herstellend. Aber was stellt das Werk her? Wir erfahren dies erst, wenn wir der vordergründigen und gewöhnlich so genannten Herstellung von Werken nachgehen.

Zum Werksein gehört die Aufstellung einer Welt. Welchen Wesens ist, im Gesichtskreis dieser Bestimmung gedacht, dasjenige am Werk, was man sonst den Werkstoff nennt? Das Zeug nimmt, weil durch die Dienlichkeit und Brauchbarkeit bestimmt, das, woraus es besteht, den Stoff, in seinen Dienst. Der Stein wird in der Anfertigung des Zeuges, z. B. der Axt, gebraucht und verbraucht. Er verschwindet in der Dienlichkeit. Der Stoff ist um so besser und geeigneter, je widerstandsloser er im Zeugsein des Zeuges untergeht. Das Tempel-Werk dagegen läßt, indem es eine Welt aufstellt, den Stoff nicht verschwinden, sondern allererst hervorkommen, und zwar im Offenen der Welt des Werkes: der Fels kommt zum Tragen und Ruhen und wird so erst Fels; die Metalle kommen zum Blitzen und Schimmern, die Farben zum Leuchten, der Ton zum Klingen, das Wort zum Sagen. All dieses kommt hervor, indem das Werk sich zurückstellt in das Massige und Schwere des Steins, in das Feste und Biegsame des Holzes, in die Härte und den Glanz des Erzes, in das Leuchten und Dunkeln der Farbe, in den Klang des Tones und in die Nennkraft des Wortes.

Wohin das Werk sich zurückstellt und was es in diesem Sich-Zurückstellen hervorkommen läßt, nannten wir die Erde. Sie ist das Hervorkommend-Bergende. Die Erde ist das zu nichts gedrängte Mühelose-Unermüdliche. Auf die Erde und in sie gründet der geschichtliche Mensch sein Wohnen in der Welt. Indem das Werk eine Welt aufstellt, stellt es die Erde her. Das Herstellen ist hier im strengen Sinne des Wortes zu denken. Das Werk rückt und hält die Erde selbst in das Offene einer Welt. *Das Werk läßt die Erde eine Erde sein.*

Doch warum muß dieses Herstellen der Erde in der Weise geschehen, daß das Werk sich in sie zurückstellt? Was ist die Erde, daß sie gerade in solcher Weise ins Unverborgene gelangt? Der Stein lastet und bekundet seine Schwere. Aber während diese uns entgegenlastet, versagt sie sich zugleich jedem Eindringen in sie. Versuchen wir solches, indem wir den Fels zerschlagen, dann zeigt er in seinen Stücken doch nie ein Inneres und Geöffnetes. Sogleich hat sich der Stein wieder in das selbe Dumpfe des Lastens und des Massigen seiner Stücke zurückgezogen. Versuchen wir, dieses auf anderem Wege zu fassen, indem wir den Stein auf die Waage legen, dann bringen wir die Schwere nur in die Berechnung eines Gewichtes. Diese vielleicht sehr genaue Bestimmung des Steins bleibt eine Zahl, aber das Lasten hat sich uns entzogen. Die Farbe leuchtet auf und will nur leuchten. Wenn wir sie verständig messend in Schwingungszahlen zerlegen, ist sie fort. Sie zeigt sich nur, wenn sie unentborgen und unerklärt bleibt. Die Erde läßt so jedes Eindringen in sie an ihr selbst zerschellen. Sie läßt jede nur rechnerische Zudringlichkeit in eine Zerstörung umschlagen. Mag diese den Schein einer Herrschaft und des Fortschritts vor sich hertragen in der

Gestalt der technisch-wissenschaftlichen Vergegenständlichung der Natur, diese Herrschaft bleibt doch eine Ohnmacht des Wollens. Offen gelichtet als sie selbst erscheint die Erde nur, wo sie als die wesenhaft Unerschließbare gewahrt und bewahrt wird, die vor jeder Erschließung zurückweicht und d. h. ständig sich verschlossen hält. Alle Dinge der Erde, sie selbst im Ganzen, verströmen sich in einen wechselweisen Einklang. Aber dieses Verströmen ist kein Verwischen. Hier strömt der in sich beruhte Strom des Ausgrenzens, das jedes Anwesende in sein Anwesen begrenzt. So ist in jedem der sich verschließenden Dinge das gleiche Sich-nicht-Kennen. Die Erde ist das wesenhaft Sich-Verschließende. Die Erde her-stellen heißt: sie ins Offene bringen als das sich Verschließende.

Diese Herstellung der Erde leistet das Werk, indem es sich selbst in die Erde zurückstellt. Das Sichverschließen der Erde aber ist kein einförmiges, starres Verhangenbleiben, sondern es entfaltet sich in eine unerschöpfliche Fülle einfacher Weisen und Gestalten. Zwar gebraucht der Bildhauer den Stein so, wie nach seiner Art auch der Maurer mit ihm umgeht. Aber er verbraucht den Stein nicht. Das gilt in gewisser Weise nur dort, wo das Werk mißlingt. Zwar gebraucht auch der Maler den Farbstoff, jedoch so, daß die Farbe nicht verbraucht wird, sondern erst zum Leuchten kommt. Zwar gebraucht auch der Dichter das Wort, aber nicht so wie die gewöhnlich Redenden und Schreibenden die Worte verbrauchen müssen, sondern so, daß das Wort erst wahrhaft ein Wort wird und bleibt.

Überall west im Werk nichts von einem Werkstoff. Es bleibt sogar zweifelhaft, ob bei der Wesensbestimmung des Zeuges das, woraus es besteht, durch die Kennzeichnung als Stoff in seinem zeughaften Wesen getroffen ist.

Das Aufstellen einer Welt und das Herstellen der Erde sind zwei Wesenszüge im Werksein des Werkes. Sie gehören aber in der Einheit des Werkseins zusammen. Diese Einheit suchen wir, wenn wir das Insichstehen des Werkes bedenken und jene geschlossene einige Ruhe des Aufsichberuhens zu sagen versuchen.

Mit den genannten Wesenszügen haben wir, wenn schon etwas Triftiges, im Werk doch eher ein Geschehen kenntlich gemacht und keineswegs eine Ruhe; denn was ist Ruhe, wenn nicht der Gegensatz zur Bewegung? Sie ist allerdings kein Gegensatz, der die Bewegung von sich aus-, sondern einschließt. Nur das Bewegte kann ruhen. Je nach der Art der Bewegung ist die Weise der Ruhe. In der Bewegung als bloßer Ortsveränderung eines Körpers ist die Ruhe freilich nur der Grenzfall der Bewegung. Wenn Ruhe die Bewegung einschließt, so kann es eine Ruhe geben, die eine innige Sammlung der Bewegung, also höchste Bewegtheit ist, gesetzt, daß die Art der Bewegung eine solche Ruhe fordert. Von dieser Art jedoch ist die Ruhe des in sich beruhenden Werkes. Wir kommen daher dieser Ruhe nahe, wenn es gelingt, die Bewegtheit des Geschehens im Werksein einheitlich zu fassen. Wir fragen: Welchen Bezug zeigen das Aufstellen einer Welt und das Herstellen der Erde im Werk selbst?

Die Welt ist die sich öffnende Offenheit der weiten Bahnen der einfachen und wesentlichen Entscheidungen im Geschick eines geschichtlichen Volkes. Die Erde ist das zu nichts gedrängte Hervorkommen des ständig Sichverschließenden und dergestalt Bergenden. Welt und Erde sind wesenhaft von einander verschieden und doch niemals getrennt. Die Welt gründet sich auf die Erde, und Erde durchragt Welt. Allein die Beziehung zwischen Welt und Erde verkümmert keineswegs in der leeren Einheit des sich nichts angehenden Entgegengesetzten. Die Welt trachtet in ihrem Aufruhen auf der Erde, diese zu überhöhen. Sie duldet als das Sichöffnende kein Verschlossenes. Die Erde aber neigt dahin, als die Bergende jeweils die Welt in sich einzubeziehen und einzubehalten.

Das Gegeneinander von Welt und Erde ist ein Streit. Allzuleicht verfälschen wir freilich das Wesen des Streites, indem wir sein Wesen mit der Zwietracht und dem Hader zusammenwerfen und ihn deshalb nur als Störung und Zerstörung kennen. Im wesenhaften Streit jedoch heben die Streitenden, das eine je das andere, in die Selbstbehauptung ihres Wesens. Die Selbstbehauptung des Wesens ist jedoch niemals das Sichversteifen auf einen zufälligen Zustand, sondern das Sichaufgeben in die verborgene Ursprünglichkeit der Herkunft des eigenen Seins. Im Streit trägt jedes das andere über sich hinaus. Der Streit wird so immer strittiger und eigentlicher, was er ist. Je härter der Streit sich selbständig übertreibt, um so unnachgiebiger lassen sich die Streitenden in die Innigkeit des einfachen Sichgehörens los. Die Erde kann das Offene der Welt nicht missen, soll sie selbst als Erde im befreiten Andrang ihres Sichverschließens erscheinen. Die Welt wiederum kann der Erde nicht entschweben, soll sie als waltende Weite und Bahn alles wesentlichen Geschickes sich auf ein Entschiedenes gründen.

Indem das Werk eine Welt aufstellt und die Erde herstellt, ist es eine Anstiftung dieses Streites. Aber dieses geschieht nicht, damit das Werk den Streit in einem faden

Übereinkommen zugleich niederschlage und schlichte, sondern damit der Streit ein Streit bleibe. Aufstellend eine Welt und herstellend die Erde vollbringt das Werk diesen Streit. Das Werksein des Werkes besteht in der Bestreitung des Streites zwischen Welt und Erde. Weil der Streit im Einfachen der Innigkeit zu seinem Höchsten kommt, deshalb geschieht in der Bestreitung des Streites die Einheit des Werkes. Die Bestreitung des Streites ist die ständig sich übertreibende Sammlung der Bewegtheit des Werkes. In der Innigkeit des Streites hat daher die Ruhe des in sich ruhenden Werkes ihr Wesen.

Erst aus dieser Ruhe des Werkes vermögen wir zu ersehen, was im Werk am Werk ist. Bisher blieb es immer noch eine vorgreifende Behauptung, im Kunstwerk sei die Wahrheit ins Werk gesetzt. Inwiefern geschieht im Werksein des Werkes, d. h. jetzt, inwiefern geschieht in der Bestreitung des Streites von Welt und Erde die Wahrheit? Was ist Wahrheit?

Wie gering und stumpf unser Wissen vom Wesen der Wahrheit ist, zeigt die Nachlässigkeit, mit der wir uns dem Gebrauch dieses Grundwortes überlassen. Mit Wahrheit meint man zumeist die eine und die andere Wahrheit. Das bedeutet: etwas Wahres. Dergleichen kann eine Erkenntnis sein, die sich in einem Satz ausspricht. Wahr nennen wir aber nicht nur einen Satz, sondern auch eine Sache, wahres Gold im Unterschied zum Scheingold. Wahr heißt hier soviel wie echtes, wirkliches Gold. Was meint hier die Rede vom Wirklichen? Als solches gilt uns das in Wahrheit Seiende. Wahr ist, was dem Wirklichen entspricht, und wirklich ist, was in Wahrheit ist. Der Kreis hat sich wieder geschlossen. Was heißt »in Wahrheit«? Wahrheit ist das Wesen des

Wahren. Woran denken wir, wenn wir Wesen sagen? Als solches gilt gewöhnlich jenes Gemeinsame, worin alles Wahre übereinkommt. Das Wesen gibt sich im Gattungs- und Allgemeinbegriff, der das Eine vorstellt, das für Vieles gleich gilt. Dieses gleich-giltige Wesen (die Wesenheit im Sinne der essentia) ist aber nur das unwesentliche Wesen. Worin besteht das wesentliche Wesen von etwas? Vermutlich beruht es in dem, was das Seiende in Wahrheit *ist*. Das wahre Wesen einer Sache bestimmt sich aus ihrem wahren Sein, aus der Wahrheit des jeweiligen Seienden. Allein wir suchen jetzt nicht die Wahrheit des Wesens, sondern das Wesen der Wahrheit. Eine merkwürdige Verstrickung zeigt sich. Ist sie nur eine Merkwürdigkeit oder gar nur die leere Spitzfindigkeit eines Begriffsspieles oder – ein Abgrund?

Wahrheit meint Wesen des Wahren. Wir denken es aus der Erinnerung an das Wort der Griechen 'Αλήθεια heißt die Unverborgenheit des Seienden. Aber ist das schon eine Bestimmung des Wesens der Wahrheit? Geben wir nicht die bloße Änderung des Wortgebrauches – Unverborgenheit statt Wahrheit – für eine Kennzeichnung der Sache aus? Allerdings bleibt es bei einem Austausch von Namen, solange wir nicht erfahren, was denn geschehen sein muß, um genötigt zu werden, das *Wesen* der Wahrheit im Wort Unverborgenheit zu sagen.

Ist dazu eine Erneuerung der griechischen Philosophie nötig? Keineswegs. Eine Erneuerung, selbst wenn dies Unmögliche möglich wäre, hülfe uns nichts; denn die verborgene Geschichte der griechischen Philosophie besteht seit ihrem Anfang darin, daß sie dem im Wort ἀλήθεια aufleuchtenden Wesen der Wahrheit nicht gemäß bleibt und ihr Wissen und Sagen vom Wesen der

Wahrheit mehr und mehr in die Erörterung eines abgeleiteten Wesens der Wahrheit verlegen muß. Das Wesen der Wahrheit als ἀλήθεια bleibt im Denken der Griechen und erst recht in der nachkommenden Philosophie ungedacht. Die Unverborgenheit ist für das Denken das Verborgenste im griechischen Dasein, aber zugleich das von früh an alles Anwesen des Anwesenden Bestimmende.

Doch warum lassen wir es nicht bei dem Wesen der Wahrheit bewenden, das uns inzwischen seit Jahrhunderten vertraut ist? Wahrheit bedeutet heute und seit langem die Übereinstimmung der Erkenntnis mit der Sache. Damit jedoch das Erkennen und der die Erkenntnis ausformende und aussagende Satz sich der Sache anmessen kann, damit demzuvor die Sache selbst für den Satz verbindlich werden kann, muß doch die Sache selbst sich als solche zeigen. Wie soll sie sich zeigen, wenn sie selbst nicht aus der Verborgenheit herausstehen kann, wenn sie selbst nicht im Unverborgenen steht? Der Satz ist wahr, indem er sich nach dem Unverborgenen, d. h. nach dem Wahren, richtet. Die Wahrheit des Satzes ist immer und immer nur diese Richtigkeit. Die kritischen Wahrheitsbegriffe, die seit Descartes von der Wahrheit als Gewißheit ausgehen, sind nur Abwandlungen der Bestimmung der Wahrheit als Richtigkeit. Dieses uns geläufige Wesen der Wahrheit, die Richtigkeit des Vorstellens, steht und fällt mit der Wahrheit als Unverborgenheit des Seienden.

Wenn wir hier und sonst die Wahrheit als Unverborgenheit fassen, flüchten wir nicht nur zu einer wörtlicheren Übersetzung eines griechischen Wortes. Wir besinnen uns auf das, was dem uns geläufigen und darum vernutzten Wesen der Wahrheit im Sinne von Richtigkeit als

Unerfahrenes und Ungedachtes zugrunde liegt. Man bequemt sich bisweilen zu dem Eingeständnis, daß wir natürlich, um die Richtigkeit (Wahrheit) einer Aussage zu belegen und zu begreifen, auf etwas zurückgehen müßten, was schon offenbar ist. Diese Voraussetzung sei in der Tat nicht zu umgehen. Solange wir so reden und meinen, verstehen wir die Wahrheit immer nur als Richtigkeit, die zwar noch einer Voraussetzung bedarf, die wir selbst – der Himmel mag wissen, wie und weshalb – nun einmal machen.

Aber nicht wir setzen die Unverborgenheit des Seienden voraus, sondern die Unverborgenheit des Seienden (das Sein) versetzt uns in ein solches Wesen, daß wir bei unserem Vorstellen immer in die Unverborgenheit ein- und ihr nachgesetzt bleiben. Nicht nur das, *wonach* eine Erkenntnis sich richtet, muß schon irgendwie unverborgen sein, sondern auch der ganze *Bereich*, in dem dieses »Sichrichten nach etwas« sich bewegt, und ebenso dasjenige, *für* das eine Anmessung des Satzes an die Sache offenbar wird, muß sich als Ganzes schon im Unverborgenen abspielen. Wir wären mit all unseren richtigen Vorstellungen nichts, wir könnten auch nicht einmal voraussetzen, es sei schon etwas, wonach wir uns richten, offenbar, wenn nicht die Unverborgenheit des Seienden uns schon in jenes Gelichtete ausgesetzt hätte, in das alles Seiende für uns hereinsteht und aus dem es sich zurückzieht.

Aber wie geht das zu? Wie geschieht die Wahrheit als diese Unverborgenheit? Doch zuvor ist noch deutlicher zu sagen, was diese Unverborgenheit selbst ist.

Die Dinge sind und die Menschen, Geschenke und Opfer sind, Tier und Pflanze sind, Zeug und Werk sind. Das Seiende steht im Sein. Durch das Sein geht ein verhülltes Verhängnis, das zwischen das Gotthafte und das Widergöttliche verhängt ist. Vieles am Seienden vermag der Mensch nicht zu bewältigen. Weniges nur wird erkannt. Das Bekannte bleibt ein Ungefähres, das Gemeisterte ein Unsicheres. Niemals ist das Seiende, wie es allzuleicht scheinen möchte, unser Gemächte oder gar nur unsere Vorstellung. Bedenken wir dies Ganze in Einem, dann fassen wir, so scheint es, alles, was überhaupt ist, wenn wir es auch roh genug fassen.

Und dennoch: über das Seiende hinaus, aber nicht von ihm weg, sondern vor ihm her, geschieht noch ein Anderes. Inmitten des Seienden im Ganzen west eine offene Stelle. Eine Lichtung ist. Sie ist, vom Seienden her gedacht, seiender als das Seiende. Diese offene Mitte ist daher nicht vom Seienden umschlossen, sondern die lichtende Mitte selbst umkreist wie das Nichts, das wir kaum kennen, alles Seiende.

Das Seiende kann als Seiendes nur sein, wenn es in das Gelichtete dieser Lichtung herein- und hinaussteht. Nur diese Lichtung schenkt und verbürgt uns Menschen einen Durchgang zum Seienden, das wir selbst nicht sind, und den Zugang zu dem Seienden, das wir selbst sind. Dank dieser Lichtung ist das Seiende in gewissen und wechselnden Maßen unverborgen. Doch selbst *verborgen* kann das Seiende nur im Spielraum des Gelichteten sein. Jegliches Seiende, das begegnet und mitgegnet, hält diese seltsame Gegnerschaft des Anwesens inne, indem es sich zugleich immer in eine Verborgenheit zurückhält. Die Lichtung, in die das Seiende hereinsteht, ist in sich zugleich Verbergung. Verbergung aber waltet inmitten des Seienden auf eine zwiefache Art.

Seiendes versagt sich uns bis auf jenes Eine und dem Anschein nach Geringste, das wir am ehesten treffen, wenn wir vom Seienden nur noch sagen können, daß es sei. Die Verbergung als Versagen ist nicht erst und nur die jedesmalige Grenze der Erkenntnis, sondern der Anfang der Lichtung des Gelichteten. Aber Verbergung ist zugleich auch, freilich von anderer Art, innerhalb des Gelichteten. Seiendes schiebt sich vor Seiendes, das eine verschleiert das andere, jenes verdunkelt dieses, weniges verbaut vieles, vereinzeltes verleugnet alles. Hier ist das Verbergen nicht jenes einfache Versagen, sondern: das Seiende erscheint zwar, aber es gibt sich anders, als es ist.

Dieses Verbergen ist das Verstellen. Würde Seiendes nicht Seiendes verstellen, dann könnten wir uns am Seienden nicht versehen und vertun, wir könnten uns nicht verlaufen und vergehen und vollends uns nie vermessen. Daß das Seiende als Schein trügen kann, ist die Bedingung dafür, daß wir uns täuschen können, nicht umgekehrt.

Die Verbergung kann ein Versagen sein oder nur ein Verstellen. Wir haben nie geradezu die Gewißheit, ob sie das eine oder das andere ist. Das Verbergen verbirgt und verstellt sich selbst. Das sagt: Die offene Stelle inmitten des Seienden, die Lichtung, ist niemals eine starre Bühne mit ständig aufgezogenem Vorhang, auf der sich das Spiel des Seienden abspielt. Vielmehr geschieht die Lichtung nur als dieses zwiefache Verbergen. Unverborgenheit des Seienden, das ist nie ein nur vorhandener Zustand, sondern ein Geschehnis. Unverborgenheit (Wahrheit) ist weder eine Eigenschaft der Sachen im Sinne des Seienden, noch eine solche der Sätze.

Im nächsten Umkreis des Seienden glauben wir uns heimisch. Das Seiende ist vertraut, verläßlich, geheuer. Gleichwohl zieht durch die Lichtung ein ständiges Verbergen in der Doppelgestalt des Versagens und des Verstellens. Das Geheure ist im Grunde nicht geheuer; es ist un-geheuer. Das Wesen der Wahrheit, d. h. der Unverborgenheit, wird von einer Verweigerung durchwaltet. Dieses Verweigern ist jedoch kein Mangel und Fehler, als sei die Wahrheit eitel Unverborgenheit, die sich alles Verborgenen entledigt hat. Könnte sie dieses, dann wäre sie nicht mehr sie selbst. *Zum Wesen der Wahrheit als der Unverborgenheit gehört dieses Verweigern in der Weise des zwiefachen Verbergens.* Die Wahrheit ist in ihrem Wesen Un-wahrheit. So sei es gesagt, um in einer vielleicht befremdlichen Schärfe anzuzeigen, daß zur Unverborgenheit als Lichtung das Verweigern in der Weise des Verbergens gehört. Der Satz: Das Wesen der Wahrheit ist die Un-wahrheit, soll dagegen nicht sagen, die Wahrheit sei im Grunde Falschheit. Ebensowenig meint der Satz, die Wahrheit sei niemals sie selbst, sondern sei, dialektisch vorgestellt, immer auch ihr Gegenteil.

Die Wahrheit west als sie selbst, sofern das verbergende Verweigern als Versagen erst aller Lichtung die ständige Herkunft, als Verstellen jedoch aller Lichtung die unnachläßliche Schärfe der Beirrung zumißt. Mit dem verbergenden Verweigern soll im Wesen der Wahrheit jenes Gegenwendige genannt sein, das im Wesen der Wahrheit zwischen Lichtung und Verbergung besteht. Es ist das Gegeneinander des ursprünglichen Streites. Das Wesen der Wahrheit ist in sich selbst der Urstreit, in dem jene offene Mitte erstritten wird, in die das Seiende hereinsteht und aus der es sich in sich selbst zurückstellt.

Dieses Offene geschieht inmitten des Seienden. Es zeigt einen Wesenszug, den wir schon nannten. Zum Offenen gehört eine Welt und die Erde. Aber die Welt ist nicht einfach das Offene, was der Lichtung, die Erde ist nicht das Verschlossene, was der Verbergung entspricht. Vielmehr ist die Welt die Lichtung der Bahnen der wesentlichen Weisungen, in die sich alles Entscheiden fügt. Jede Entscheidung aber gründet sich auf ein Nichtbewältigtes, Verborgenes, Beirrendes, sonst wäre sie nie Entscheidung. Die Erde ist nicht einfach das Verschlossene, sondern das, was als Sichverschließendes aufgeht. Welt und Erde sind je in sich ihrem Wesen nach streitig und streitbar. Nur als diese treten sie in den Streit der Lichtung und Verbergung.

Erde durchragt nur die Welt, Welt gründet sich nur auf die Erde, sofern die Wahrheit als der Urstreit von Lichtung und Verbergung geschieht. Aber wie geschieht Wahrheit? Wir antworten: Sie geschieht in wenigen wesentlichen Weisen. Eine dieser Weisen, wie Wahrheit geschieht, ist das Werksein des Werkes. Aufstellend eine Welt und herstellend die Erde ist das Werk die Bestreitung jenes Streites, in dem die Unverborgenheit des Seienden im Ganzen, die Wahrheit, erstritten wird.

Im Dastehen des Tempels geschieht die Wahrheit. Dies meint nicht, hier werde etwas richtig dargestellt und wiedergegeben, sondern das Seiende im Ganzen wird in die Unverborgenheit gebracht und in ihr gehalten. Halten heißt ursprünglich hüten. Im Gemälde van Goghs geschieht die Wahrheit. Das meint nicht, hier werde etwas Vorhandenes richtig abgemalt, sondern im Offenbarwerden des Zeugseins des Schuhzeuges gelangt das Seiende im Ganzen, Welt und Erde in ihrem Widerspiel, in die Unverborgenheit.

Im Werk ist die Wahrheit am Werk, also nicht nur ein Wahres. Das Bild, das die Bauernschuhe zeigt, das Gedicht, das den römischen Brunnen sagt, bekunden nicht nur, was dieses vereinzelte Seiende als dieses sei, falls sie je bekunden, sondern sie lassen Unverborgenheit als solche im Bezug auf das Seiende im Ganzen geschehen. Je einfacher und wesentlicher nur das Schuhzeug, je ungeschmückter und reiner nur der Brunnen in ihrem Wesen aufgehen, um so unmittelbarer und einnehmender wird mit ihnen alles Seiende seiender. Dergestalt ist das sichverbergende Sein gelichtet. Das so geartete Licht fügt sein Scheinen ins Werk. Das ins Werk gefügte Scheinen ist das Schöne. *Schönheit ist eine Weise, wie Wahrheit als Unverborgenheit west.*

Zwar ist jetzt das Wesen der Wahrheit nach einigen Hinsichten deutlicher gefaßt. Demzufolge mag klarer geworden sein, was im Werk am Werke ist. Allein das jetzt sichtbare Werksein des Werkes sagt uns immer noch nichts über die nächste und aufdringliche Wirklichkeit des Werkes, über das Dinghafte am Werk. Fast scheint es sogar, als hätten wir in der ausschließlichen Absicht, das Insichstehen des Werkes selbst möglichst rein zu fassen, darüber das Eine völlig übersehen, daß ein Werk immer ein Werk, das will doch sagen, ein Gewirktes ist. Wenn etwas das Werk als Werk auszeichnet, dann gilt dies vom Geschaffensein des Werkes. Insofern das Werk geschaffen wird und das Schaffen eines Mediums bedarf, aus dem und in dem es schafft, kommt auch jenes Dinghafte ins Werk. Das ist unbestreitbar. Allein die Frage bleibt doch: wie gehört das Geschaffensein zum Werk? Dies läßt sich nur aufhellen, wenn ein Doppeltes geklärt ist:

1. Was heißt hier Geschaffensein und Schaffen im Unterschied zum Verfertigen und Angefertigtsein?
2. Welches ist das innerste Wesen des Werkes selbst, daraus allein erst sich ermessen läßt, inwiefern das

Geschaffensein ihm zugehört und inwieweit dieses das Werksein des Werkes bestimmt?

Schaffen ist hier immer in Beziehung auf das Werk gedacht. Zum Wesen des Werkes gehört das Geschehen der Wahrheit. Das Wesen des Schaffens bestimmen wir im vorhinein aus seinem Bezug zum Wesen der Wahrheit als der Unverborgenheit des Seienden. Die Zugehörigkeit des Geschaffenseins zum Werk kann nur aus einer noch ursprünglicheren Aufhellung des Wesens der Wahrheit ins Licht gestellt werden. Die Frage nach der Wahrheit und ihrem Wesen kehrt wieder.

Wir müssen sie noch einmal fragen, wenn der Satz, im Werk sei die Wahrheit am Werke, keine bloße Behauptung bleiben soll.

Wir müssen jetzt erst wesentlicher fragen: inwiefern liegt im Wesen der Wahrheit ein Zug zu dergleichen wie einem Werk? Welchen Wesens ist die Wahrheit, daß sie ins Werk gesetzt werden kann oder unter bestimmten Bedingungen sogar ins Werk gesetzt werden muß, um als Wahrheit zu sein? Das Ins-Werk-Setzen der Wahrheit bestimmten wir jedoch als das Wesen der Kunst. Die zuletzt gestellte Frage lautet daher:

Was ist die Wahrheit, daß sie als Kunst geschehen kann oder sogar geschehen muß? Inwiefern *gibt es* die Kunst?

Die Wahrheit und die Kunst

Der Ursprung des Kunstwerkes und des Künstlers ist die Kunst. Der Ursprung ist die Herkunft des Wesens, worin das Sein eines Seienden west. Was ist die Kunst? Wir suchen ihr Wesen im wirklichen Werk. Die Wirklichkeit des Werkes bestimmte sich aus dem, was im

Werk am Werke ist, aus dem Geschehen der Wahrheit. Dieses Geschehnis denken wir als die Bestreitung des Streites zwischen Welt und Erde. In der gesammelten Bewegnis dieses Bestreitens west die Ruhe. Hier gründet das Insichruhen des Werkes.

Im Werk ist das Geschehnis der Wahrheit am Werk. Aber was so am Werk ist, ist es doch im Werk. Demnach wird hier schon das wirkliche Werk als der Träger jenes Geschehens vorausgesetzt. Sogleich steht wieder die Frage nach jenem Dinghaften des vorhandenen Werkes vor uns. So wird denn endlich dies eine klar: Wir mögen dem Insichstehen des Werkes noch so eifrig nachfragen, wir verfehlen gleichwohl seine Wirklichkeit, solange wir uns nicht dazu verstehen, das Werk als ein Gewirktes zu nehmen. Es so zu nehmen, liegt am nächsten; denn im Wort Werk hören wir das Gewirkte. Das Werkhafte des Werkes besteht in seinem Geschaffensein durch den Künstler. Es mag verwunderlich scheinen, daß diese nächstliegende und alles klärende Bestimmung des Werkes erst jetzt genannt wird.

Das Geschaffensein des Werkes läßt sich aber offenbar nur aus dem Vorgang des Schaffens begreifen. So müssen wir uns unter dem Zwang der Sache doch dazu verstehen, auf die Tätigkeit des Künstlers einzugehen, um den Ursprung des Kunstwerkes zu treffen. Der Versuch, das Werksein des Werkes rein aus diesem selbst zu bestimmen, erweist sich als undurchführbar.

Wenn wir uns jetzt vom Werk abkehren und dem Wesen des Schaffens nachgehen, so möchten wir doch jenes im Wissen behalten, was zuerst vom Bild der Bauernschuhe und dann vom griechischen Tempel gesagt wurde.

Das Schaffen denken wir als ein Hervorbringen. Aber ein Hervorbringen ist auch die Anfertigung von Zeug. Das

Handwerk, merkwürdiges Spiel der Sprache, schafft freilich keine Werke, auch dann nicht, wenn wir das handwerkliche Erzeugnis, wie es nötig ist, gegen die Fabrikware abheben. Wodurch unterscheidet sich aber das Hervorbringen als Schaffen vom Hervorbringen in der Weise der Anfertigung? So leicht wir dem Wortlaut nach das Schaffen von Werken und das Anfertigen von Zeug auseinanderhalten, so schwer ist es, beide Weisen des Hervorbringens je in ihren eigenen Wesenszügen zu verfolgen. Dem nächsten Anschein folgend, finden wir in der Tätigkeit des Töpfers und des Bildhauers, des Schreiners und des Malers dasselbe Verhalten. Das Werkschaffen verlangt aus sich das handwerkliche Tun. Die großen Künstler schätzen das handwerkliche Können am höchsten. Sie zuerst fordern seine sorgfältige Pflege aus der vollen Beherrschung. Sie vor allen anderen mühen sich um die stets neue Durchbildung im Handwerk. Oft genug hat man schon darauf hingewiesen, daß die Griechen, die von Werken der Kunst einiges verstanden, dasselbe Wort τέχνη für Handwerk und Kunst gebrauchen und den Handwerker und den Künstler mit dem selben Namen τεχνίτης benennen.

Deshalb scheint es geraten, das Wesen des Schaffens von seiner handwerklichen Seite her zu bestimmen. Allein der Hinweis auf den Sprachgebrauch der Griechen, der ihre Erfahrung der Sache nennt, muß uns nachdenklich machen. So üblich und so einleuchtend der Hinweis auf die von den Griechen gepflogene Benennung von Handwerk und Kunst mit demselben Wort τέχνη auch sein mag, er bleibt doch schief und oberflächlich; denn τέχνη bedeutet weder Handwerk noch Kunst und vollends nicht das Technische im heutigen Sinne, meint überhaupt niemals eine Art von praktischer Leistung.

Das Wort τέχνη nennt vielmehr eine Weise des Wissens. Wissen heißt: gesehen haben, in dem weiten Sinne von sehen, der besagt: vernehmen des Anwesenden als eines solchen. Das Wesen des Wissens beruht für das griechische Denken in der ἀλήθεια, d. h. in der Entbergung des Seienden. Sie trägt und leitet jedes Verhalten zum Seienden. Die τέχνη ist als griechisch erfahrenes Wissen insofern ein Hervorbringen des Seienden, als es das Anwesende als ein solches *aus* der Verborgenheit *her* eigens *in* die Unverborgenheit seines Aussehens *vor* bringt; τέχνη bedeutet nie die Tätigkeit eines Machens.

Der Künstler ist nicht deshalb ein τεχνίτης, weil er auch ein Handwerker ist, sondern deshalb, weil sowohl das Her-stellen von Werken als auch das Her-stellen von Zeug in jenem Hervor-bringen geschieht, das im vorhinein das Seiende von seinem Aussehen her in sein Anwesen vor-kommen läßt. Dies alles geschieht jedoch inmitten des eigenwüchsig aufgehenden Seienden, der φύσις. Die Benennung der Kunst als τέχνη spricht keineswegs dafür, daß das Tun des Künstlers vom Handwerklichen her erfahren wird. Was am Werkschaffen wie handwerkliche Anfertigung aussieht, ist anderer Art. Dieses Tun wird vom Wesen des Schaffens bestimmt und durchstimmt und bleibt in dieses auch einbehalten.

An welchem Leitfaden, wenn nicht an dem des Handwerkes, sollen wir dann das Wesen des Schaffens denken? Wie anders als aus dem Hinblick auf das zu-Schaffende, auf das Werk? Obwohl das Werk erst im Vollzug des Schaffens wirklich wird und so in seiner Wirklichkeit von diesem abhängt, wird das Wesen des Schaffens vom Wesen des Werkes bestimmt. Wenngleich das Geschaffensein des Werkes zum Schaffen einen Bezug hat, so muß dennoch auch das Geschaffensein so

wie das Schaffen aus dem Werksein des Werkes bestimmt
werden. Jetzt kann es uns auch nicht mehr verwundern,
warum wir zunächst und langehin nur vom Werk han-
delten, um erst zuletzt das Geschaffensein in den Blick
zu bringen. Wenn das Geschaffensein so wesentlich zum
Werk gehört, wie es auch aus dem Wort Werk heraus-
klingt, dann müssen wir das, was sich bisher als Werksein des Werkes bestimmen ließ, noch wesentlicher zu
verstehen suchen.

Aus dem Hinblick auf die erreichte Wesensumgrenzung
des Werkes, wonach im Werk das Geschehnis der Wahrheit am Werke ist, können wir das Schaffen als das
Hervorgehenlassen in ein Hervorgebrachtes kennzeichnen. Das Werkwerden des Werkes ist eine Weise des
Werdens und Geschehens der Wahrheit. In deren Wesen
liegt alles. Aber was ist die Wahrheit, daß sie in dergleichen wie einem Geschaffenen geschehen muß? Inwiefern
hat die Wahrheit aus dem Grunde ihres Wesens einen
Zug zum Werk? Läßt sich dies aus dem bisher aufgehell-
ten Wesen der Wahrheit begreifen?

Die Wahrheit ist Un-wahrheit, insofern zu ihr der Her-
kunftsbereich des Noch-nicht-(des Un-)Entborgenen im
Sinne der Verbergung gehört. In der Un-verborgenheit
als Wahrheit west zugleich das andere »Un-« eines zwiefachen Verwehrens. Die Wahrheit west als solche im
Gegeneinander von Lichtung und zwiefacher Verbergung. Die Wahrheit ist der Urstreit, in dem je in einer
Weise das Offene erstritten wird, in das alles hereinsteht
und aus dem alles sich zurückhält, was als Seiendes sich
zeigt und entzieht. Wann und wie immer dieser Streit
ausbricht und geschieht, durch ihn treten die Streitenden, Lichtung und Verbergung, auseinander. So wird das
Offene des Streitraumes erstritten. Die Offenheit dieses

Offenen, d. h. die Wahrheit, kann nur sein, was sie ist, nämlich *diese* Offenheit, wenn sie sich und solange sie sich selbst in ihr Offenes einrichtet. Darum muß in diesem Offenen je ein Seiendes sein, worin die Offenheit ihren Stand und ihre Ständigkeit nimmt. Indem die Offenheit das Offene besetzt, hält sie dieses offen und aus. Setzen und Besetzen sind hier überall aus dem griechischen Sinn der θέσις gedacht, die ein Aufstellen im Unverborgenen meint.

Mit dem Hinweis auf das Sicheinrichten der Offenheit in das Offene rührt das Denken an einen Bezirk, der hier noch nicht auseinandergelegt werden kann. Nur dieses sei angemerkt, daß, wenn das Wesen der Unverborgenheit des Seienden in irgendeiner Weise zum Sein selbst gehört (vgl. »Sein und Zeit«, § 44), dieses aus seinem Wesen her den Spielraum der Offenheit (die Lichtung des Da) geschehen läßt und ihn als *solches* einbringt, worin jegliches Seiende in seiner Weise aufgeht.

Wahrheit geschieht nur so, daß sie in dem durch sie selbst sich öffnenden Streit und Spielraum sich einrichtet. Weil die Wahrheit das Gegenwendige von Lichtung und Verbergung ist, deshalb gehört zu ihr das, was hier die Einrichtung genannt sei. Aber die Wahrheit ist nicht zuvor irgendwo in den Sternen an sich vorhanden, um sich dann nachträglich sonstwo im Seienden unterzubringen. Dies ist schon deshalb unmöglich, weil doch erst die Offenheit des Seienden die Möglichkeit eines Irgendwo und einer von Anwesendem erfüllten Stätte ergibt. Lichtung der Offenheit und Einrichtung in das Offene gehören zusammen. Sie sind dasselbe eine Wesen des Wahrheitgeschehens. Dieses ist in mannigfaltigen Weisen geschichtlich.

Eine wesentliche Weise, wie die Wahrheit sich in dem

durch sie eröffneten Seienden einrichtet, ist das Sich-ins-Werk-Setzen der Wahrheit. Eine andere Weise, wie Wahrheit west, ist die staatgründende Tat. Wieder eine andere Weise, wie Wahrheit zum Leuchten kommt, ist die Nähe dessen, was schlechthin nicht ein Seiendes ist, sondern das Seiendste des Seienden. Wieder eine andere Weise, wie Wahrheit sich gründet, ist das wesentliche Opfer. Wieder eine andere Weise, wie Wahrheit wird, ist das Fragen des Denkers, das als Denken des Seins dieses in seiner Frag-würdigkeit nennt. Dagegen ist die Wissenschaft kein ursprüngliches Geschehen der Wahrheit, sondern jeweils der Ausbau eines schon offenen Wahrheitsbereiches, und zwar durch das Auffassen und Begründen dessen, was in seinem Umkreis sich an möglichem und notwendigem Richtigen zeigt. Wenn und sofern eine Wissenschaft über das Richtige hinaus zu einer Wahrheit und d. h. zur wesentlichen Enthüllung des Seienden als solchen kommt, ist sie Philosophie.

Weil es zum Wesen der Wahrheit gehört, sich in das Seiende einzurichten, um so erst Wahrheit zu werden, deshalb liegt im Wesen der Wahrheit der *Zug zum Werk* als einer ausgezeichneten Möglichkeit der Wahrheit, inmitten des Seienden selbst seiend zu sein.

Die Einrichtung der Wahrheit ins Werk ist das Hervorbringen eines solchen Seienden, das vordem noch nicht war und nachmals nie mehr werden wird. Die Hervorbringung stellt dieses Seiende dergestalt ins Offene, daß das zu Bringende erst die Offenheit des Offenen lichtet, in das es hervorkommt. Wo die Hervorbringung eigens die Offenheit des Seienden, die Wahrheit, bringt, ist das Hervorgebrachte ein Werk. Solches Hervorbringen ist das Schaffen. Als dieses Bringen ist es eher ein Empfangen und Entnehmen innerhalb des Bezuges zur Unverborgenheit. Worin besteht demzufolge dann das Geschaffensein? Es sei durch zwei wesentliche Bestimmungen verdeutlicht.

Die Wahrheit richtet sich ins Werk. Wahrheit west nur als der Streit zwischen Lichtung und Verbergung in der Gegenwendigkeit von Welt und Erde. Die Wahrheit will als dieser Streit von Welt und Erde ins Werk gerichtet werden. Der Streit soll in einem eigens hervorzubringenden Seienden nicht behoben, auch nicht bloß untergebracht, sondern aus diesem eröffnet werden. Dieses Seiende muß daher in sich die Wesenszüge des Streites haben. In dem Streit wird die Einheit von Welt und Erde erstritten. Indem eine Welt sich öffnet, stellt sie einem geschichtlichen Menschentum Sieg und Niederlage, Segen und Fluch, Herrschaft und Knechtschaft zur Entscheidung. Die aufgehende Welt bringt das noch Unentschiedene und Maßlose zum Vorschein und eröffnet so die verborgene Notwendigkeit von Maß und Entschiedenheit.

Indem aber eine Welt sich öffnet, kommt die Erde zum Ragen. Sie zeigt sich als das alles Tragende, als das in sein Gesetz Geborgene und ständig Sichverschließende. Welt verlangt ihre Entschiedenheit und ihr Maß und läßt das Seiende in das Offene ihrer Bahnen gelangen. Erde trachtet, tragend-aufragend sich verschlossen zu halten und alles ihrem Gesetz anzuvertrauen. Der Streit ist kein Riß als das Aufreißen einer bloßen Kluft, sondern der Streit ist die Innigkeit des Sichzugehörens der Streitenden. Dieser Riß reißt die Gegenwendigen in die Herkunft ihrer Einheit aus dem einigen Grunde zusammen. Er ist Grundriß. Er ist Auf-riß, der die Grundzüge des Aufgehens der Lichtung des Seienden zeichnet. Dieser Riß läßt die Gegenwendigen nicht auseinanderbersten, er bringt das Gegenwendige von Maß und Grenze in den einigen Umriß.

Die Wahrheit richtet sich als Streit in ein hervorzubringendes Seiendes nur so ein, daß der Streit in diesem Seienden eröffnet, d. h. dieses selbst in den Riß gebracht wird. Der Riß ist das einheitliche Gefüge von Aufriß und Grundriß, Durch- und Umriß. Die Wahrheit richtet sich im Seienden ein, so zwar, daß dieses selbst das Offene der Wahrheit besetzt. Dieses Besetzen aber kann nur so geschehen, daß sich das Hervorzubringende, der Riß, dem Sichverschließenden, das im Offenen ragt, anvertraut. Der Riß muß sich in die ziehende Schwere des Steins, in die stumme Härte des Holzes, in die dunkle Glut der Farben zurückstellen. Indem die Erde den Riß in sich zurücknimmt, wird der Riß erst in das Offene her-gestellt und so in das gestellt, d. h. gesetzt, was als Sichverschließendes und Behütendes ins Offene ragt.

Der in den Riß gebrachte und so in die Erde zurückgestellte und damit festgestellte Streit ist die *Gestalt*. Geschaffensein des Werkes heißt: Festgestelltsein der Wahrheit in die Gestalt. Sie ist das Gefüge, als welches der Riß sich fügt. Der gefügte Riß ist die Fuge des Scheinens der Wahrheit. Was hier Gestalt heißt, ist stets aus *jenem* Stellen und Ge-stell zu denken, als welches das *Werk* west, insofern es sich auf- und herstellt.

Im Werkschaffen muß der Streit als Riß in die Erde zurückgestellt, die Erde selbst muß als das Sichverschließende hervorgestellt und gebraucht werden. Dieses Brauchen aber verbraucht und mißbraucht die Erde nicht als einen Stoff, sondern es befreit sie erst zu ihr selbst. Dieses Brauchen der Erde ist ein Werken mit ihr, das zwar so aussieht wie das handwerkliche Verwenden von

Stoff. Daher stammt der Anschein, das Werkschaffen sei auch handwerkliche Tätigkeit. Dies ist es niemals. Aber es bleibt immer ein Brauchen der Erde im Feststellen der Wahrheit in die Gestalt. Dagegen ist die Anfertigung des Zeuges nie unmittelbar die Erwirkung des Geschehens der Wahrheit. Fertigsein des Zeuges ist Geformtsein eines Stoffes, und zwar als Bereitstellung für den Gebrauch. Fertigsein des Zeuges heißt, daß dieses über sich selbst hinweg dahin entlassen ist, in der Dienlichkeit aufzugehen.

Nicht so das Geschaffensein des Werkes. Das wird deutlich aus dem zweiten Kennzeichen, das hier angeführt sein mag.

Das Fertigsein des Zeuges und das Geschaffensein des Werkes kommen miteinander darin überein, daß sie ein Hervorgebrachtsein ausmachen. Aber das Geschaffensein des Werkes hat gegenüber jeder anderen Hervorbringung darin sein Besonderes, daß es in das Geschaffene mit hineingeschaffen ist. Aber gilt solches nicht von jedem Hervorgebrachten und irgendwie Entstandenen? Jedem Hervorgebrachten ist, wenn je etwas, doch das Hervorgebrachtsein mitgegeben. Gewiß, aber im Werk ist das Geschaffensein eigens in das Geschaffene hineingeschaffen, so daß es aus ihm, dem so Hervorgebrachten, eigens hervorragt. Wenn es so steht, dann müssen wir auch das Geschaffensein eigens am Werk erfahren können.

Das Hervorkommen des Geschaffenseins aus dem Werk meint nicht, am Werk soll merklich werden, daß es von einem großen Künstler gemacht sei. Das Geschaffene soll nicht als Leistung eines Könners bezeugt und dadurch der Leistende in das öffentliche Ansehen gehoben werden. Nicht das N.N. fecit soll bekanntgegeben, sondern das einfache »factum est« soll im Werk ins Offene gehalten werden: dieses, daß Unverborgenheit des Seienden hier geschehen ist und als dieses Geschehene erst geschieht; dieses, daß solches Werk *ist* und nicht vielmehr nicht ist. Der Anstoß, daß das Werk als dieses Werk ist und das Nichtaussetzen dieses unscheinbaren Stoßes macht die Beständigkeit des Insichruhens am Werk aus. Dort, wo der Künstler und der Vorgang und die Umstände der Entstehung des Werkes unbekannt bleiben, tritt dieser Stoß, dieses »Daß« des Geschaffenseins am reinsten aus dem Werk hervor.

Zwar gehört auch zu jedem verfügbaren und im Gebrauch befindlichen Zeug, »daß« es angefertigt ist. Aber dieses »Daß« tritt am Zeug nicht heraus, es verschwindet in der Dienlichkeit. Je handlicher ein Zeug zur Hand ist, um so unauffälliger bleibt es, daß z. B. ein solcher Hammer ist, um so ausschließlicher hält sich das Zeug in seinem Zeugsein. Überhaupt können wir an jedem Vorhandenen bemerken, daß es ist; aber dies wird auch nur vermerkt, um alsbald nach der Art des Gewöhnlichen vergessen zu bleiben. Was aber ist gewöhnlicher als dieses, daß Seiendes ist? Im Werk dagegen ist dieses, daß es als solches *ist*, das Ungewöhnliche. Das Ereignis seines Geschaffenseins zittert im Werk nicht einfach nach, sondern das Ereignishafte, daß das Werk als dieses Werk ist, wirft das Werk vor sich her und hat es ständig um sich geworfen. Je wesentlicher das Werk sich öffnet, um so leuchtender wird die Einzigkeit dessen, daß es ist und nicht vielmehr nicht ist. Je wesentlicher dieser Stoß ins Offene kommt, um so befremdlicher und einsamer wird das Werk. Im Hervorbringen des Werkes liegt dieses Darbringen des »daß es sei«.

Die Frage nach dem Geschaffensein des Werkes sollte

uns dem Werkhaften des Werkes und damit seiner Wirklichkeit näher bringen. Das Geschaffensein enthüllte sich als das Festgestellt-sein des Streites durch den Riß in die Gestalt. Dabei ist das Geschaffensein selbst eigens in das Werk eingeschaffen und steht als der stille Stoß jenes »Daß« ins Offene. Aber auch im Geschaffensein erschöpft sich die Wirklichkeit des Werkes nicht. Wohl dagegen setzt uns der Hinblick auf das Wesen des Geschaffenseins des Werkes in den Stand, jetzt den Schritt zu vollziehen, auf den alles bisher Gesagte zustrebt.

Je einsamer das Werk, festgestellt in die Gestalt, in sich steht, je reiner es alle Bezüge zu den Menschen zu lösen scheint, um so einfacher tritt der Stoß, daß solches Werk *ist*, ins Offene, um so wesentlicher ist das Ungeheure aufgestoßen und das bislang geheuer Scheinende umgestoßen. Aber dieses vielfältige Stoßen hat nichts Gewaltsames; denn je reiner das Werk selbst in die durch es selbst eröffnete Offenheit des Seienden entrückt ist, um so einfacher rückt es uns in diese Offenheit ein und so zugleich aus dem Gewöhnlichen heraus. Dieser Verrückung folgen, heißt: die gewohnten Bezüge zur Welt und zur Erde verwandeln und fortan mit allem geläufigen Tun und Schätzen, Kennen und Blicken ansichhalten, um in der im Werk geschehenden Wahrheit zu verweilen. Die Verhaltenheit dieses Verweilens läßt das Geschaffene erst das Werk sein, das es ist. Dieses: das Werk ein Werk sein lassen, nennen wir die Bewahrung des Werkes. Für die Bewahrung erst gibt sich das Werk in seinem Geschaffensein als das wirkliche, d. h. jetzt: werkhaft anwesende.

So wenig ein Werk sein kann, ohne geschaffen zu sein, so wesentlich es die Schaffenden braucht, so wenig kann das

Geschaffene selbst ohne die Bewahrenden seiend werden.

Wenn aber ein Werk die Bewahrenden nicht findet, nicht unmittelbar so findet, daß sie der im Werk geschehenden Wahrheit entsprechen, dann heißt dies keineswegs, das Werk sei auch Werk ohne die Bewahrenden. Es bleibt immer, wenn anders es ein Werk ist, auf die Bewahrenden bezogen, auch dann und gerade dann, wenn es auf die Bewahrenden erst nur wartet und deren Einkehr in seine Wahrheit erwirbt und erharrt. Sogar die Vergessenheit, in die das Werk fallen kann, ist nicht nichts; sie ist noch ein Bewahren. Sie zehrt vom Werk. Bewahrung des Werkes heißt: Innestehen in der im Werk geschehenden Offenheit des Seienden. Die Inständigkeit der Bewahrung aber ist ein Wissen. Wissen besteht jedoch nicht im bloßen Kennen und Vorstellen von etwas. Wer wahrhaft das Seiende weiß, weiß, was er inmitten des Seienden will.

Das hier genannte Wollen, das weder ein Wissen erst anwendet, noch zuvor beschließt, ist aus der Grunderfahrung des Denkens in »Sein und Zeit« gedacht. Das Wissen, das ein Wollen, und das Wollen, das ein Wissen bleibt, ist das ekstatische Sicheinlassen des existierenden Menschen in die Unverborgenheit des Seins. Die in »Sein und Zeit« gedachte Ent-schlossenheit ist nicht die dezidierte Aktion eines Subjekts, sondern die Eröffnung des Daseins aus der Befangenheit im Seienden zur Offenheit des Seins. In der Existenz geht jedoch der Mensch nicht erst aus einem Innern zu einem Draußen hinaus, sondern das Wesen der Existenz ist das ausstehende Innestehen im wesenhaften Auseinander der Lichtung des Seienden. Weder in dem zuvor genannten Schaffen, noch in dem jetzt genannten Wollen ist an das Leisten und an die

Aktion eines sich selbst als Zweck setzenden und anstrebenden Subjektes gedacht.

Wollen ist die nüchterne Ent-schlossenheit des existierenden Übersichhinausgehens, das sich der Offenheit des Seienden als der ins Werk gesetzten aussetzt. So bringt sich die Inständigkeit in das Gesetz. Bewahrung des Werkes ist als Wissen die nüchterne Inständigkeit im Ungeheuren der im Werk geschehenden Wahrheit.

Dieses Wissen, das als Wollen in der Wahrheit des Werkes einheimisch wird und nur so ein Wissen bleibt, nimmt das Werk nicht aus seinem Insichstehen heraus, zerrt es nicht in den Umkreis des bloßen Erlebens und setzt das Werk nicht herab in die Rolle eines Erlebniserregers. Die Bewahrung des Werkes vereinzelt die Menschen nicht auf ihre Erlebnisse, sondern rückt sie ein in die Zugehörigkeit zu der im Werk geschehenden Wahrheit und gründet so das Für- und Miteinandersein als das geschichtliche Ausstehen des Da-seins aus dem Bezug zur Unverborgenheit. Vollends ist das Wissen in der Weise des Bewahrens fern von jener nur geschmäcklerischen Kennerschaft des Formalen am Werk, seiner Qualitäten und Reize an sich. Wissen als Gesehen-haben ist ein Entschiedensein; ist Innestehen in dem Streit, den das Werk in den Riß gefügt hat.

Die Weise der rechten Bewahrung des Werkes wird erst und allein durch das Werk selbst mitgeschaffen und vorgezeichnet. Die Bewahrung geschieht in verschiedenen Stufen des Wissens mit je verschiedener Reichweite, Beständigkeit und Helligkeit. Wenn Werke dem bloßen Kunstgenuß dargeboten werden, ist noch nicht erwiesen, daß sie als Werke in der Bewahrung stehen.

Sobald jener Stoß ins Un-geheure im Geläufigen und Kennerischen abgefangen wird, hat um die Werke schon der Kunstbetrieb begonnen. Selbst die sorgfältige Überlieferung der Werke, die wissenschaftlichen Versuche zu ihrer Rückgewinnung erreichen dann nie mehr das Werksein selbst, sondern nur eine Erinnerung daran. Aber auch diese kann dem Werk noch eine Stätte bieten, von der aus es Geschichte mitgestaltet. Die eigenste Wirklichkeit des Werkes kommt dagegen nur da zum Tragen, wo das Werk in der durch es selbst geschehenden Wahrheit bewahrt wird.

Die Wirklichkeit des Werkes ist aus dem Wesen des Werkseins in den Grundzügen bestimmt. Jetzt können wir die einleitende Frage wieder aufnehmen: Wie steht es mit jenem Dinghaften am Werk, das seine unmittelbare Wirklichkeit verbürgen soll? Es steht so, daß wir jetzt die Frage nach dem Dinghaften am Werk nicht mehr fragen; denn solange wir darnach fragen, nehmen wir das Werk sogleich und im vorhinein endgültig als einen vorhandenen Gegenstand. Auf diese Weise fragen wir nie vom Werk her, sondern von uns aus. Von uns, die wir dabei das Werk, nicht ein Werk sein-lassen, es vielmehr als Gegenstand vorstellen, der in uns irgendwelche Zustände bewirken soll.

Was jedoch an dem als Gegenstand genommenen Werk so aussieht wie das Dinghafte im Sinne der geläufigen Dingbegriffe, das ist, vom Werk her erfahren, das Erdhafte des Werkes. Die Erde ragt ins Werk, weil das Werk als solches west, worin die Wahrheit am Werke ist, und weil Wahrheit nur west, indem sie sich in ein Seiendes einrichtet. An der Erde als der wesenhaft sich verschließenden findet aber die Offenheit des Offenen seinen höchsten Widerstand und dadurch die Stätte seines ständigen Standes, darein die Gestalt festgestellt werden muß.

Dann war es doch überflüssig, auf die Frage nach dem Dinghaften des Dinges einzugehen? Keineswegs. Zwar läßt sich aus dem Dinghaften nicht das Werkhafte bestimmen, dagegen kann aus dem Wissen vom Werkhaften des Werkes die Frage nach dem Dinghaften des Dinges auf den rechten Weg gebracht werden. Das ist nichts Geringes, wenn wir uns erinnern, daß jene von altersher geläufigen Denkweisen das Dinghafte des Dinges überfallen und eine Auslegung des Seienden im Ganzen zur Herrschaft bringen, die ebenso zur Wesenserfassung des Zeuges und des Werkes untüchtig bleibt, wie sie gegen das ursprüngliche Wesen der Wahrheit blind macht.

Für die Bestimmung der Dingheit des Dinges reicht weder der Hinblick auf den Träger von Eigenschaften zu, noch jener auf die Mannigfaltigkeit des sinnlich Gegebenen in seiner Einheit, noch gar der auf das für sich vorgestellte Stoff-Form-Gefüge, das dem Zeughaften entnommen ist. Der maß- und gewichtgebende Vorblick für die Auslegung des Dinghaften der Dinge muß auf die Zugehörigkeit des Dinges zur Erde gehen. Das Wesen der Erde als des zu nichts gedrängten Tragenden-Sichverschließenden enthüllt sich jedoch nur im Hineinragen in eine Welt, in der Gegenwendigkeit beider. Dieser Streit ist festgestellt in die Gestalt des Werkes und wird durch dieses offenbar. Was vom Zeug gilt, daß wir das Zeughafte des Zeuges erst eigens durch das Werk erfahren, gilt auch vom Dinghaften des Dinges. Daß wir vom Dinghaften nie geradezu und wenn, dann nur unbestimmt wissen, also des Werkes bedürfen, das zeigt mittelbar, daß im Werksein des Werkes das Geschehnis der Wahrheit, die Eröffnung des Seienden am Werk ist.

Aber, so möchten wir schließlich entgegnen, muß denn das Werk nicht seinerseits, und zwar vor seinem Geschaffenwerden und für dieses in einen Bezug zu den Dingen der Erde, zur Natur gebracht sein, wenn anders es das Dinghafte triftig ins Offene rücken soll? Einer, der es wissen mußte, Albrecht Dürer, sagt doch jenes bekannte Wort: »Denn wahrhaftig steckt die Kunst in der Natur, wer sie heraus kann reißen, der hat sie.« Reißen heißt hier Herausholen des Risses und den Riß reißen mit der Reißfeder auf dem Reißbrett. Aber sogleich bringen wir die Gegenfrage: wie soll der Riß herausgerissen werden, wenn er nicht als Riß und d. h., wenn er nicht zuvor als Streit von Maß und Unmaß durch den schaffenden Entwurf ins Offene gebracht wird? Gewiß steckt in der Natur ein Riß, Maß und Grenze und ein daran gebundenes Hervorbringen-können, die Kunst. Aber ebenso gewiß ist, daß diese Kunst in der Natur erst durch das Werk offenbar wird, weil sie ursprünglich im Werk steckt.

Die Bemühung um die Wirklichkeit des Werkes soll den Boden bereiten, damit wir am wirklichen Werk die Kunst und ihr Wesen finden. Die Frage nach dem Wesen der Kunst, der Weg des Wissens von ihr, soll erst wieder auf einen Grund gebracht werden. Die Antwort auf die Frage ist wie jede echte Antwort nur der äußerste Auslauf des letzten Schrittes einer langen Folge von Frageschritten. Jede Antwort bleibt nur als Antwort in Kraft, solange sie im Fragen verwurzelt ist.

Die Wirklichkeit des Werkes ist uns aus seinem Werksein nicht nur deutlicher, sondern zugleich wesentlich reicher geworden. Zum Geschaffensein des Werkes gehören ebenso wesentlich wie die Schaffenden auch die Bewahrenden. Aber das Werk ist es, was die Schaffenden in ihrem Wesen ermöglicht und aus seinem Wesen die Bewahrenden braucht. Wenn die Kunst der Ursprung des Werkes ist, dann heißt das, sie läßt das wesenhaft Zusammengehörige am Werk, Schaffende und Bewahrende, in seinem Wesen entspringen. Was aber ist die Kunst selbst, daß wir sie mit Recht einen Ursprung nennen?

Im Werk ist das Geschehnis der Wahrheit, und zwar nach der Weise eines Werkes am Werk. Demnach wurde im voraus das Wesen der Kunst als das Ins-Werk-Setzen der Wahrheit bestimmt. Doch diese Bestimmung ist bewußt zweideutig. Sie sagt einmal: Kunst ist das Feststellen der sich einrichtenden Wahrheit in die Gestalt. Das geschieht im Schaffen als dem Hervor-bringen der Unverborgenheit des Seienden. Ins-Werk-Setzen heißt aber zugleich: in Gang- und ins Geschehen-Bringen des Werkseins. Das geschieht als Bewahrung. Also ist die Kunst: die schaffende Bewahrung der Wahrheit im Werk. *Dann ist die Kunst ein Werden und Geschehen der Wahrheit.* Dann entsteht die Wahrheit aus dem Nichts? In der Tat, wenn mit dem Nichts das bloße Nicht des Seienden gemeint und wenn dabei das Seiende als jenes gewöhnlich Vorhandene vorgestellt ist, was hernach durch das Dastehen des Werkes als das nur vermeintlich wahre Seiende an den Tag kommt und erschüttert wird. Aus dem Vorhandenen und Gewöhnlichen wird die Wahrheit niemals abgelesen. Vielmehr geschieht die Eröffnung des Offenen und die Lichtung des Seienden nur, indem die in der Geworfenheit ankommende Offenheit entworfen wird.

Wahrheit als die Lichtung und Verbergung des Seienden geschieht, indem sie gedichtet wird. *Alle Kunst* ist als Geschehenlassen der Ankunft der Wahrheit des Seienden als eines solchen *im Wesen Dichtung*. Das Wesen der Kunst, worin das Kunstwerk und der Künstler zumal beruhen, ist das Sich-ins-Werk-Setzen der Wahrheit. Aus dem dichtenden Wesen der Kunst geschieht es, daß sie inmitten des Seienden eine offene Stelle aufschlägt, in deren Offenheit alles anders ist wie sonst. Kraft des ins Werk gesetzten Entwurfes der sich uns zu-werfenden Unverborgenheit des Seienden wird durch das Werk alles Gewöhnliche und Bisherige zum Unseienden. Dieses hat das Vermögen, das Sein als Maß zu geben und zu wahren, eingebüßt. Dabei ist das Seltsame, daß das Werk in keiner Weise auf das bisherige Seiende durch kausale Wirkungszusammenhänge einwirkt. Die Wirkung des Werkes besteht nicht in einem Wirken. Sie beruht in einem aus dem Werk geschehenden Wandel der Unverborgenheit des Seienden und das sagt: des Seins.

Dichtung aber ist kein schweifendes Ersinnen des Beliebigen und kein Verschweben des bloßen Vorstellens und Einbildens in das Unwirkliche. Was die Dichtung als lichtender Entwurf an Unverborgenheit auseinanderfaltet und in den Riß der Gestalt vorauswirft, ist das Offene, das sie geschehen läßt, und zwar dergestalt, daß jetzt das Offene erst inmitten des Seienden dieses zum Leuchten und Klingen bringt. Im Wesensblick auf das Wesen des Werkes und seinen Bezug zum Geschehnis der Wahrheit des Seienden wird fraglich, ob das Wesen der Dichtung, und das sagt zugleich des Entwurfes, von der Imagination und Einbildungskraft her hinreichend gedacht werden kann.

Das jetzt in seiner Weite, aber deshalb nicht unbestimmt erfahrene Wesen der Dichtung sei hier als ein Fragwürdiges festgehalten, das es erst zu bedenken gilt.

Wenn alle Kunst im Wesen Dichtung ist, dann müssen

Baukunst, Bildkunst, Tonkunst auf die Poesie zurückgeführt werden. Das ist reine Willkür. Gewiß, solange wir meinen, die genannten Künste seien Abarten der Sprachkunst, falls wir die Poesie durch diesen leicht mißdeutbaren Titel kennzeichnen dürfen. Aber die Poesie ist nur eine Weise des lichtenden Entwerfens der Wahrheit, d. h. des Dichtens in diesem weiteren Sinne. Gleichwohl hat das Sprachwerk, die Dichtung im engeren Sinne, eine ausgezeichnete Stellung im Ganzen der Künste.

Um das zu sehen, bedarf es nur des rechten Begriffes von der Sprache. In der landläufigen Vorstellung gilt die Sprache als eine Art von Mitteilung. Sie dient zur Unterredung und Verabredung, allgemein zur Verständigung. Aber die Sprache ist nicht nur und nicht erstlich ein lautlicher und schriftlicher Ausdruck dessen, was mitgeteilt werden soll. Sie befördert das Offenbare und Verdeckte als so Gemeintes nicht nur erst in Wörtern und Sätzen weiter, sondern die Sprache bringt das Seiende als ein Seiendes allererst ins Offene. Wo keine Sprache west, wie im Sein von Stein, Pflanze und Tier, da ist auch keine Offenheit des Seienden und demzufolge auch keine solche des Nichtseienden und des Leeren.

Indem die Sprache erstmals das Seiende nennt, bringt solches Nennen das Seiende erst zum Wort und zum Erscheinen. Dieses Nennen ernennt das Seiende *zu* seinem Sein *aus* diesem. Solches Sagen ist ein Entwerfen des Lichten, darin angesagt wird, als was das Seiende ins Offene kommt. Entwerfen ist das Auslösen eines Wurfes, als welcher die Unverborgenheit sich in das Seiende als solches schickt. Das entwerfende Ansagen wird sogleich zur Absage an alle dumpfe Wirrnis, in der sich das Seiende verhüllt und entzieht.

Das entwerfende Sagen ist Dichtung: die Sage der Welt

und der Erde, die Sage vom Spielraum ihres Streites und damit von der Stätte aller Nähe und Ferne der Götter. Die Dichtung ist die Sage der Unverborgenheit des Seienden. Die jeweilige Sprache ist das Geschehnis jenes Sagens, in dem geschichtlich einem Volk seine Welt aufgeht und die Erde als das Verschlossene aufbewahrt wird. Das entwerfende Sagen ist jenes, das in der Bereitung des Sagbaren zugleich das Unsagbare als ein solches zur Welt bringt. In solchem Sagen werden einem geschichtlichen Volk die Begriffe seines Wesens, d. h. seiner Zugehörigkeit zur Welt-Geschichte vorgeprägt.

Die Dichtung ist hier in einem so weiten Sinne und zugleich in so inniger Wesenseinheit mit der Sprache und dem Wort gedacht, daß es offen bleiben muß, ob die Kunst, und zwar in allen ihren Weisen, von der Baukunst bis zur Poesie, das Wesen der Dichtung erschöpft.

Die Sprache selbst ist Dichtung im wesentlichen Sinne. Weil nun aber die Sprache jenes Geschehnis ist, in dem für den Menschen jeweils erst Seiendes als Seiendes sich erschließt, deshalb ist die Poesie, die Dichtung im engeren Sinne, die ursprünglichste Dichtung im wesentlichen Sinne. Die Sprache ist nicht deshalb Dichtung, weil sie die Urpoesie ist, sondern die Poesie ereignet sich in der Sprache, weil diese das ursprüngliche Wesen der Dichtung verwahrt. Bauen und Bilden dagegen geschehen immer schon und immer nur im Offenen der Sage und des Nennens. Von diesem werden sie durchwaltet und geleitet. Deshalb bleiben sie eigene Wege und Weisen, wie die Wahrheit sich ins Werk richtet. Sie sind ein je eigenes Dichten innerhalb der Lichtung des Seienden, die schon und unbeachtet in der Sprache geschehen ist.

Die Kunst ist als das Ins-Werk-Setzen der Wahrheit Dichtung. Nicht nur das Schaffen des Werkes ist dichterisch, sondern ebenso dichterisch, nur in seiner eigenen Weise, ist auch das Bewahren des Werkes; denn ein Werk ist nur als ein Werk wirklich, wenn wir uns selbst unserer Gewöhnlichkeit entrücken und in das vom Werk Eröffnete einrücken, um so unser Wesen selbst in der Wahrheit des Seienden zum Stehen zu bringen.

Das Wesen der Kunst ist die Dichtung. Das Wesen der Dichtung aber ist die Stiftung der Wahrheit. Das Stiften verstehen wir hier in einem dreifachen Sinne: Stiften als Schenken, Stiften als Gründen und Stiften als Anfangen. Stiftung ist aber nur in der Bewahrung wirklich. So entspricht jeder Weise des Stiftens eine solche des Bewahrens. Diesen Wesensbau der Kunst können wir jetzt nur in wenigen Strichen sichtbar machen und auch dieses nur so weit, als die frühere Kennzeichnung des Wesens des Werkes dafür einen ersten Hinweis bietet.

Das Ins-Werk-Setzen der Wahrheit stößt das Ungeheure auf und stößt zugleich das Geheure und das, was man dafür hält, um. Die im Werk sich eröffnende Wahrheit ist aus dem Bisherigen nie zu belegen und abzuleiten. Das Bisherige wird in seiner ausschließlichen Wirklichkeit durch das Werk widerlegt. Was die Kunst stiftet, kann deshalb durch das Vorhandene und Verfügbare nie aufgewogen und wettgemacht werden. Die Stiftung ist ein Überfluß, eine Schenkung.

Der dichtende Entwurf der Wahrheit, der sich ins Werk stellt als Gestalt, wird auch nie ins Leere und Unbestimmte hinein vollzogen. Die Wahrheit wird im Werk vielmehr den kommenden Bewahrenden, d. h. einem geschichtlichen Menschentum zugeworfen. Das Zugeworfene ist jedoch niemals ein willkürlich Zugemutetes. Der wahrhaft dichtende Entwurf ist die Eröffnung von Jenem, worein das Dasein als geschichtliches schon geworfen ist. Dies ist die Erde und für ein geschichtliches Volk seine Erde, der sich verschließende Grund, dem es aufruht mit all dem, was es, sich selbst noch verborgen, schon ist. Es ist aber seine Welt, die aus dem Bezug des Daseins zur Unverborgenheit des Seins waltet. Deshalb muß alles dem Menschen Mitgegebene im Entwurf aus dem verschlossenen Grund heraufgeholt und eigens auf diesen gesetzt werden. So wird er als der tragende Grund erst gegründet.

Weil ein solches Holen, ist alles Schaffen ein Schöpfen (das Wasser holen aus der Quelle). Der moderne Subjektivismus mißdeutet freilich das Schöpferische sogleich im Sinne der genialen Leistung des selbstherrlichen Subjektes. Die Stiftung der Wahrheit ist Stiftung nicht nur im Sinne der freien Schenkung, sondern Stiftung zugleich im Sinne dieses grund-legenden Gründens. Der dichtende Entwurf kommt aus dem Nichts in der Hinsicht, daß er sein Geschenk nie aus dem Geläufigen und Bisherigen nimmt. Er kommt jedoch nie aus dem Nichts, insofern das durch ihn Zugeworfene nur die vorenthaltene Bestimmung des geschichtlichen Daseins selbst ist.

Schenkung und Gründung haben in sich das Unvermittelte dessen, was wir einen Anfang nennen. Doch dieses Unvermittelte des Anfangs, das Eigentümliche des Sprunges aus dem Unvermittelbaren her, schließt nicht aus, sondern ein, daß der Anfang am längsten und unauffällig sich vorbereitet. Der echte Anfang ist als Sprung immer ein Vorsprung, in dem alles Kommende schon übersprungen ist, wenngleich als ein Verhülltes. Der Anfang enthält schon verborgen das Ende. Der echte Anfang hat freilich nie das Anfängerhafte des Primitiven. Das Primitive ist, weil ohne den schenkenden, gründenden Sprung und Vorsprung immer zukunftlos. Es vermag nichts weiter aus sich zu entlassen, weil es nichts anderes enthält als das, worin es gefangen ist.

Der Anfang dagegen enthält immer die unerschlossene Fülle des Ungeheuren und d. h. des Streites mit dem Geheuren. Kunst als Dichtung ist Stiftung in dem dritten Sinne der Anstiftung des Streites der Wahrheit, ist Stiftung als Anfang. Immer wenn das Seiende im Ganzen als das Seiende selbst die Gründung in 'die Offenheit verlangt, gelangt die Kunst in ihr geschichtliches Wesen als die Stiftung. Sie geschah im Abendland erstmals im Griechentum. Was künftig Sein heißt, wurde maßgebend ins Werk gesetzt. Das so eröffnete Seiende im Ganzen wurde dann verwandelt zum Seienden im Sinne des von Gott Geschaffenen. Das geschah im Mittelalter. Dieses Seiende wurde wiederum verwandelt im Beginn und Verlauf der Neuzeit. Das Seiende wurde zum rechnerisch beherrschbaren und durchschaubaren Gegenstand. Jedesmal brach eine neue und wesentliche Welt auf. Jedesmal mußte die Offenheit des Seienden durch die Fest-stellung der Wahrheit in die Gestalt, in das Seiende selbst eingerichtet werden. Jedesmal geschah Unverborgenheit des Seienden. Sie setzt sich ins Werk, welches Setzen die Kunst vollbringt.

Immer wenn Kunst geschieht, d. h. wenn ein Anfang ist, kommt in die Geschichte ein Stoß, fängt Geschichte erst oder wieder an. Geschichte meint hier nicht die Abfolge irgendwelcher und sei es noch so wichtiger Begebenheiten in der Zeit. Geschichte ist die Entrückung eines Volkes in sein Aufgegebenes als Einrückung in sein Mitgegebenes.

Die Kunst ist das Ins-Werk-Setzen der Wahrheit. In diesem Satz verbirgt sich eine wesenhafte Zweideutigkeit, der gemäß die Wahrheit zugleich das Subjekt und das Objekt des Setzens ist. Aber Subjekt und Objekt sind hier ungemäße Namen. Sie verhindern, dieses zweideutige Wesen zu denken, eine Aufgabe, die nicht mehr in diese Betrachtung gehört. Die Kunst ist geschichtlich und ist als geschichtliche die schaffende Bewahrung der Wahrheit im Werk. Die Kunst geschieht als Dichtung. Diese ist Stiftung in dem dreifachen Sinne der Schenkung, Gründung und des Anfanges. Die Kunst ist als Stiftung wesenhaft geschichtlich. Das heißt nicht nur: die Kunst hat eine Geschichte in dem äußerlichen Sinne, daß sie im Wandel der Zeiten neben vielem anderen auch vorkommt und sich dabei verändert und vergeht und der Historie wechselnde Anblicke darbietet. Die Kunst ist Geschichte in dem wesentlichen Sinne, daß sie Geschichte gründet.

Die Kunst läßt die Wahrheit entspringen. Die Kunst erspringt als stiftende Bewahrung die Wahrheit des Seienden im Werk. Etwas erspringen, im stiftenden Sprung aus der Wesensherkunft ins Sein bringen, das meint das Wort Ursprung.

Der Ursprung des Kunstwerkes, d. h. zugleich der Schaffenden und Bewahrenden, das sagt des geschichtlichen Daseins eines Volkes, ist die Kunst. Das ist so, weil die Kunst in ihrem Wesen ein Ursprung ist: eine ausgezeichnete Weise wie Wahrheit seiend, d. h. geschichtlich wird.

Wir fragen nach dem Wesen der Kunst. Weshalb fragen wir so? Wir fragen so, um eigentlicher fragen zu können, ob die Kunst in unserem geschichtlichen Dasein ein Ursprung ist oder nicht, ob und unter welchen Bedingungen sie es sein kann und sein muß.

Solches Besinnen vermag die Kunst und ihr Werden nicht zu erzwingen. Aber dieses besinnliche Wissen ist die vorläufige und deshalb unumgängliche Vorbereitung für das Werden der Kunst. Nur solches Wissen bereitet dem Werk den Raum, den Schaffenden den Weg, den Bewahrenden den Standort.

In solchem Wissen, das nur langsam wachsen kann, entscheidet sich, ob die Kunst ein Ursprung sein kann und dann ein Vorsprung sein muß, oder ob sie nur ein Nachtrag bleiben soll und dann nur mitgeführt werden kann als eine üblich gewordene Erscheinung der Kultur.

Sind wir in unserem Dasein geschichtlich am Ursprung? Wissen wir, d. h. achten wir das Wesen des Ursprunges? Oder berufen wir uns in unserem Verhalten zur Kunst nur noch auf gebildete Kenntnisse des Vergangenen?

Für dieses Entweder-Oder und seine Entscheidung gibt es ein untrügliches Zeichen. Hölderlin, der Dichter, dessen Werk zu bestehen den Deutschen noch bevorsteht, hat es genannt, indem er sagt:

> »Schwer verläßt
> Was nahe dem Ursprung wohnet, den Ort.«

> Die Wanderung IV, 167.

Nachwort

Die vorstehenden Überlegungen gehen das Rätsel der Kunst an, das Rätsel, das die Kunst selbst ist. Der Anspruch liegt fern, das Rätsel zu lösen. Zur Aufgabe steht, das Rätsel zu sehen.

Man nennt, fast seit der selben Zeit, da eine eigene Betrachtung über die Kunst und die Künstler anfängt, dieses Betrachten das ästhetische. Die Ästhetik nimmt das Kunstwerk als einen Gegenstand, und zwar als den Gegenstand der αἴσθησις, des sinnlichen Vernehmens im weiten Sinne. Heute nennt man dieses Vernehmen das Erleben. Die Art, wie der Mensch die Kunst erlebt, soll über ihr Wesen Aufschluß geben. Das Erlebnis ist nicht nur für den Kunstgenuß, sondern ebenso für das Kunstschaffen die maßgebende Quelle. Alles ist Erlebnis. Doch vielleicht ist das Erlebnis das Element, in dem die Kunst stirbt. Das Sterben geht so langsam vor sich, daß es einige Jahrhunderte braucht.

Zwar spricht man von den unsterblichen Werken der Kunst und von der Kunst als einem Ewigkeitswert. Man spricht so in jener Sprache, die es bei allen wesentlichen Dingen nicht genau nimmt, weil sie befürchtet, genau nehmen heiße am Ende: denken. Welche Angst ist heute größer als diejenige vor dem Denken? Hat die Rede von den unsterblichen Werken und vom Ewigkeitswert der Kunst einen Gehalt und einen Bestand? Oder sind dies nur noch halbgedachte Redensarten zu einer Zeit, in der die große Kunst samt ihrem Wesen von dem Menschen gewichen ist?

In der umfassendsten, weil aus der Metaphysik gedachten Besinnung auf das Wesen der Kunst, die das Abendland besitzt, in Hegels »Vorlesungen über die Ästhetik«, stehen die Sätze:

»Uns gilt die Kunst nicht mehr als die höchste Weise, in welcher die Wahrheit sich Existenz verschafft.« (WW X, 1, S. 134.) »Man kann wohl hoffen, daß die Kunst immer mehr steigen und sich vollenden werde, aber ihre Form hat aufgehört, das höchste Bedürfnis des Geistes zu sein.« (Ebd., S. 135.) »In allen diesen Beziehungen ist und bleibt die Kunst nach der Seite ihrer höchsten Bestimmung für uns ein Vergangenes.« (X, 1, S. 16.)

Man kann dem Spruch, den Hegel in diesen Sätzen fällt, nicht dadurch ausweichen, daß man feststellt: Seitdem Hegels Ästhetik zum letztenmal im Winter 1828/29 an der Universität Berlin vorgetragen wurde, haben wir viele und neue Kunstwerke und Kunstrichtungen entstehen sehen. Diese Möglichkeit hat Hegel nie leugnen wollen. Allein die Frage bleibt: Ist die Kunst noch eine wesentliche und eine notwendige Weise, in der die für unser geschichtliches Dasein entscheidende Wahrheit geschieht, oder ist die Kunst dies nicht mehr? Wenn sie es aber nicht mehr ist, dann bleibt die Frage, warum das so ist. Die Entscheidung über Hegels Spruch ist noch nicht gefallen; denn hinter diesem Spruch steht das abendländische Denken seit den Griechen, welches Denken einer schon geschehenen Wahrheit des Seienden entspricht. Die Entscheidung über den Spruch fällt, wenn sie fällt, aus dieser Wahrheit des Seienden und über sie. Bis dahin bleibt der Spruch in Geltung. Allein deshalb ist die Frage nötig, ob die Wahrheit, die der Spruch sagt, endgültig sei und was dann sei, wenn es so ist. Solche Fragen, die uns bald deutlicher, bald nur aus dem

Ungefähren angehen, lassen sich nur fragen, wenn wir zuvor das Wesen der Kunst bedenken. Wir versuchen einige Schritte zu gehen, indem wir die Frage nach dem Ursprung des Kunstwerkes stellen. Es gilt, den Werkcharakter des Werkes in den Blick zu bringen. Was das Wort Ursprung hier meint, ist aus dem Wesen der Wahrheit gedacht.

Die Wahrheit, von der gesagt wird, fällt nicht mit dem zusammen, was man unter diesem Namen kennt und dem Erkennen und der Wissenschaft als eine Qualität zuteilt, um gegen sie das Schöne und das Gute zu unterscheiden, die als die Namen für die Werte des nichttheoretischen Verhaltens gelten.

Die Wahrheit ist die Unverborgenheit des Seienden als des Seienden. Die Wahrheit ist die Wahrheit des Seins. Die Schönheit kommt nicht neben dieser Wahrheit vor. Wenn die Wahrheit sich in das Werk setzt, erscheint sie. Das Erscheinen ist – als dieses Sein der Wahrheit im Werk und als Werk – die Schönheit. So gehört das Schöne in das Sichereignen der Wahrheit. Es ist nicht nur relativ auf das Gefallen und lediglich als dessen Gegenstand. Das Schöne beruht indessen in der Form, aber nur deshalb, weil die forma einst aus dem Sein als der Seiendheit des Seienden sich lichtete. Damals ereignete sich das Sein als εἶδος. Die ἰδέα fügt sich in die μορφή. Das σύνολον, das einige Ganze von μορφή und ὕλη, nämlich dàs ἔργον, *ist* in der Weise der ἐνέργεια. Diese Weise der Anwesenheit wird zur actualitas des ens actu. Die actualitas wird zur Wirklichkeit. Die Wirklichkeit wird zur Gegenständlichkeit. Die Gegenständlichkeit wird zum Erlebnis. In der Weise, wie für die abendländisch bestimmte Welt das Seiende als das Wirkliche ist, verbirgt sich ein eigentümliches Zusammengehen der Schönheit mit der Wahrheit. Dem Wesenswandel der Wahrheit entspricht die Wesensgeschichte der abendländischen Kunst. Diese ist aus der für sich genommenen Schönheit so wenig zu begreifen wie aus dem Erlebnis, gesetzt, daß der metaphysische Begriff von der Kunst in ihr Wesen reicht.

Zusatz

Auf Seite 64 und 73 drängt sich einem aufmerksamen Leser eine wesentliche Schwierigkeit auf durch den Anschein, als könnten die Worte vom »Feststellen der Wahrheit« und vom »Geschehenlassen der Ankunft von Wahrheit« niemals zur Einstimmigkeit gebracht werden. Denn im »Feststellen« liegt ein Wollen, das Ankunft abriegelt und also verwehrt. Dagegen bekundet sich im Geschehen*lassen* ein Sichfügen und so gleichsam ein Nichtwollen, das freigibt.

Die Schwierigkeit löst sich auf, wenn wir das Feststellen in dem Sinne denken, der durch den ganzen Text der Abhandlung hindurch, d. h. vor allem in der Leitbestimmung »Ins-Werk-*Setzen*« gemeint ist. Mit »stellen« und »setzen« gehört auch »legen« zusammen, die alle drei noch einheitlich im lateinischen ponere gemeint sind.

»Stellen« müssen wir im Sinne von θέσις denken. So wird auf S. 61 gesagt: »Setzen und Besetzen sind hier überall (!) aus dem griechischen Sinn der θέσις gedacht, die ein Aufstellen im Unverborgenen meint.« Das griechische »Setzen« besagt: Stellen als Erstehenlassen, z. B. ein Standbild, besagt: Legen, Niederlegen eines Weihegeschenkes. Stellen und Legen haben den Sinn von: *Her*-ins Unverborgene, *vor*- in das Anwesende bringen, d. h. vorliegenlassen. Setzen und Stellen bedeuten hier nirgends das neuzeitlich begriffene herausfordernde Sich-(dem-Ich-Subjekt-)entgegenstellen. Das Stehen des Standbildes (d. h. das Anwesen des anblickenden Scheinens) ist anderes als das Stehen des Gegenstandes im Sinne des Objektes. »Stehen« ist (vgl. S. 30) die Ständigkeit des Scheinens. Dagegen meint Thesis, Anti-thesis, Synthesis innerhalb der Dialektik Kants und des deutschen Idealismus ein Stellen innerhalb der Sphäre der Subjektivität des Bewußtseins. Hegel hat demgemäß – von seiner Position aus mit Recht – die griechische ϑέσις im Sinne des unmittelbaren Setzens des Gegenstandes ausgelegt. Dieses Setzen ist daher für ihn noch unwahr, weil noch nicht durch Antithesis und Synthesis vermittelt. (Vgl. jetzt: »Hegel und die Griechen« in der Festschrift für H.-G. Gadamer, 1960.)

Behalten wir jedoch für den Kunstwerk-Aufsatz den griechischen Sinn von ϑέσις im Blick: Vorliegenlassen in seinem Scheinen und Anwesen, dann kann das »Fest-« im Feststellen niemals den Sinn von starr, unbeweglich und sicher haben.

»Fest« besagt: umrissen, in die Grenze eingelassen (πέρας), in den Umriß gebracht (S. 63 f.). Die Grenze im griechischen Sinne riegelt nicht ab, sondern bringt als hervorgebrachte selber das Anwesende erst zum Scheinen. Grenze gibt frei ins Unverborgene; durch seinen Umriß im griechischen Licht steht der Berg in seinem Ragen und Ruhen. Die festigende Grenze ist das Ruhende – nämlich in der Fülle der Bewegtheit – dies alles gilt vom Werk im griechischen Sinne des ἔργον; dessen »Sein« ist die ἐνέργεια, die unendlich mehr Bewegung in sich versammelt als die modernen »Energien«.

So kann denn das recht gedachte »Feststellen« der Wahrheit keineswegs dem »Geschehenlassen« zuwiderlaufen. Denn einmal ist dieses »Lassen« keine Passivität, sondern höchstes Tun (vgl. »Vorträge und Aufsätze«, S. 49) im Sinne der ϑέσις, ein »Wirken« und »Wollen«, das in der vorliegenden Abhandlung S. 68 als das »ekstatische

Sicheinlassen des existierenden Menschen in die Unverborgenheit des Seins« gekennzeichnet wird. Zum anderen ist das »Geschehen« im Geschehenlassen der Wahrheit die in der Lichtung *und* Verbergung, genauer in ihrer Einigung waltende Bewegung, nämlich die der Lichtung des Sichverbergens als solchen, aus dem wiederum alles Sichlichten herkommt. Diese »Bewegung« verlangt sogar ein Fest-stellen im Sinne des Her-vorbringens, wobei das Bringen in der Bedeutung zu verstehen ist, die S. 62 f. genannt wird, insofern das schaffende (schöpfende) Her-vor-bringen »eher ein Empfangen und Entnehmen (ist) innerhalb des Bezuges zur Unverborgenheit«.

Gemäß dem bisher Erläuterten bestimmt sich die Bedeutung des auf S. 64 gebrauchten Wortes »Ge-Stell«: die Versammlung des Her-vor-bringens, des Her-vor-ankommen-lassens in den Riß als Umriß (πέρας). Durch das so gedachte »Ge-Stell« klärt sich der griechische Sinn von μορφή als Gestalt. Nun ist in der Tat das später als ausdrückliches Leitwort für das Wesen der modernen Technik gebrauchte Wort »Ge-Stell« von jenem Ge-Stell her gedacht (*nicht* vom Büchergestell und der Montage her). Jener Zusammenhang ist ein wesentlicher, weil seinsgeschicklicher. Das Ge-Stell als Wesen der modernen Technik kommt vom griechisch erfahrenen Vorliegenlassen, λόγος, her, von der griechischen ποίησις und θέσις. Im Stellen des Ge-Stells, d. h. jetzt: im Herausfordern in die Sicherstellung von allem, spricht der Anspruch der ratio reddenda, d. h. des λόγον διδόναι, so freilich, daß jetzt dieser Anspruch im Gestell die Herrschaft des Unbedingten übernimmt und das Vorstellen aus dem griechischen Vernehmen zum sicher- und fest-Stellen sich versammelt.

Wir müssen uns einerseits beim Hören der Worte Feststellen und Ge-stell im »Ursprung des Kunstwerkes« die neuzeitliche Bedeutung von Stellen und Gestell aus dem Sinn schlagen und dürfen doch zugleich andrerseits nicht übersehen, daß und inwiefern das die Neuzeit bestimmende Sein als Ge-Stell aus dem abendländischen Geschick des Seins herkommt und nicht von Philosophen ausgedacht, sondern den Denkenden zugedacht ist (vgl. »Vorträge und Aufsätze«, S. 28 und S. 49).

Schwer bleibt, die Bestimmungen zu erörtern, die in kurzer Fassung S. 61 f. über das »Einrichten« und »Sicheinrichten der Wahrheit im Seienden« gegeben werden. Wiederum müssen wir vermeiden, »einrichten« im modernen Sinne und nach der Weise des Technikvortrages als »organisieren« und fertigmachen zu verstehen. Vielmehr denkt das »Einrichten« an den S. 62 genannten »Zug der Wahrheit zum Werk«, daß die Wahrheit inmitten des Seienden, selber werkhaft seiend, seiend werde (S. 62).

Bedenken wir, inwiefern Wahrheit als Unverborgenheit des Seienden nichts anderes besagt als Anwesen des Seienden als solchen, d. h. Sein (s. S. 74), dann rührt die Rede vom Sicheinrichten der Wahrheit, d. h. des Seins, im Seienden an das Fragwürdige der ontologischen Differenz (vgl. »Identität und Differenz«, 1957, S. 37 ff.). Darum heißt es (»Der Ursprung des Kunstwerkes«, S. 61) vorsichtig: »Mit dem Hinweis auf das Sicheinrichten der Offenheit in das Offene rührt das Denken an einen Bezirk, der hier noch nicht auseinandergelegt werden kann.« Die ganze Abhandlung »Der Ursprung des Kunstwerkes« bewegt sich wissentlich und doch unausgesprochen auf dem Weg der Frage nach dem Wesen des Seins. Die Besinnung darauf, was die Kunst sei, ist ganz und entschieden nur aus der Frage nach dem *Sein* bestimmt. Die Kunst gilt weder als Leistungsbezirk der Kultur, noch als eine Erscheinung des Geistes, sie gehört in das *Ereignis*, aus dem sich erst der »Sinn vom Sein« (vgl. »Sein und Zeit«) bestimmt. Was die Kunst sei, ist eine jener Fragen, auf die in der Abhandlung keine Antworten gegeben sind. Was den Anschein von solchen bietet, sind Weisungen für das Fragen. (Vgl. die ersten Sätze des Nachwortes.)

Zu diesen Weisungen gehören zwei *wichtige Fingerzeige* S. 73 und S. 79. An beiden Stellen ist von einer »Zweideutigkeit« die Rede. Auf S. 79 ist eine »wesenhafte Zweideutigkeit« genannt hinsichtlich der Bestimmung der Kunst als »Ins-Werk-Setzen der Wahrheit«. Darnach ist Wahrheit einmal »Subjekt« und ein andermal »Objekt«. *Beide* Kennzeichnungen bleiben »ungemäß«. Ist die Wahrheit das »Subjekt«, dann sagt die Bestimmung »Ins-Werk-Setzen der Wahrheit«: »*Sich*-ins-Werk-Setzen der Wahrheit« (vgl. S. 74 und S. 30). Kunst ist so aus dem Ereignis gedacht. Sein aber ist Zuspruch an den Menschen und nicht ohne diesen. Demnach ist die Kunst zugleich bestimmt als Ins-Werk-Setzen der Wahrheit, wobei *jetzt* Wahrheit »Objekt« und die Kunst das menschliche Schaffen und Bewahren ist.

Innerhalb des *menschlichen* Bezuges zur Kunst ergibt sich die andere Zweideutigkeit des Ins-Werk-Setzens der Wahrheit, die S. 73 als Schaffen und Bewahren genannt wird. Nach S. 73 f. und S. 56 f. beruhen Kunst*werk* und Künst*ler* »zumal« im Wesenden der Kunst. In dem Titel: »Ins-Werk-Setzen der Wahrheit«, worin unbestimmt aber bestimm*bar* bleibt, wer oder was in welcher Weise »setzt«, verbirgt sich der *Bezug von Sein und Menschenwesen*, welcher Bezug schon in dieser Fassung ungemäß gedacht wird, – eine bedrängende Schwierigkeit, die mir seit »Sein und Zeit« klar ist und dann in vielerlei Fassungen zur Sprache kommt (vgl. zuletzt »Zur Seinsfrage« und die vorliegende Abhandlung S. 61: »Nur dieses sei angemerkt, daß . . .«).

Die hier waltende Fragwürdigkeit sammelt sich dann an den eigentlichen Ort der Erörterung, dorthin, wo das Wesen der Sprache und der Dichtung gestreift werden, alles dies wiederum nur im Hinblick auf die Zusammengehörigkeit von Sein und Sage.

Es bleibt ein unvermeidlicher Notstand, daß der Leser, der natürlicherweise von außen an die Abhandlung gerät, zunächst und langehin nicht aus dem verschwiegenen Quellbereich des zu-Denkenden die Sachverhalte vorstellt und deutet. Für den Autor selber aber bleibt der Notstand, auf den verschiedenen Stationen des Weges jeweils in der gerade günstigen Sprache zu sprechen.

Zur Einführung

Von Hans-Georg Gadamer

Wenn man heute auf die Zeit zwischen den beiden Weltkriegen zurückblickt, so stellt sich einem diese Atempause im wirbelnden Geschehen unseres Jahrhunderts als eine Epoche von außerordentlicher geistiger Fruchtbarkeit dar. Vorboten des Kommenden mochten schon vor der großen Katastrophe des Ersten Weltkriegs, insbesondere in der Malerei und der Baukunst, sichtbar sein. Aber das allgemeine Zeitbewußtsein wandelte sich im großen erst mit der schweren Erschütterung, die die Materialschlachten des Ersten Weltkrieges über das Kulturbewußtsein und den Fortschrittsglauben des liberalen Zeitalters brachten. In der Philosophie der Zeit prägte sich der Wandel des allgemeinen Lebensgefühls darin aus, daß die beherrschende Philosophie, die in der zweiten Hälfte des 19. Jahrhunderts aus der Erneuerung des kritischen Idealismus Kants erwachsen war, mit einem Schlage unglaubwürdig erschien. »Der Zusammenbruch des deutschen Idealismus«, wie Paul Ernst in einem damals erfolgreichen Buche ihn verkündet hatte, wurde durch Oswald Spenglers »Untergang des Abendlandes« in einen weltgeschichtlichen Horizont gestellt. Die Kräfte, die die Kritik am herrschenden Neukantianismus vollbrachten, hatten zwei gewaltige Vorkämpfer: Friedrich Nietzsches Kritik an Platonismus und Christentum und Sören Kierkegaards brillanten Angriff gegen die

Reflexionsphilosophie des spekulativen Idealismus. Es waren zwei neue Parolen, die dem Methodenbewußtsein des Neukantianismus entgegengehalten wurden, die Parole der Irrationalität des *Lebens* und insbesondere des geschichtlichen Lebens, für die man sich auf Nietzsche und Bergson, aber auch auf Wilhelm Dilthey, den großen Historiker der Philosophie, berufen konnte; und die Parole der *Existenz*, die aus den Werken Sören Kierkegaards erklang, dieses dänischen Philosophen aus der ersten Hälfte des 19. Jahrhunderts, der jetzt erst durch die Diederichs-Übersetzung in Deutschland zur Wirksamkeit kam. Wie Kierkegaard Hegel als den Reflexionsphilosophen, der das Existieren vergessen habe, kritisiert hatte, so kritisierte man jetzt das selbstzufriedene Systembewußtsein des neukantianischen Methodologismus, der die Philosophie ganz in den Dienst einer Begründung der wissenschaftlichen Erkenntnis gestellt habe. Und wie Kierkegaard als ein christlicher Denker gegen die Philosophie des Idealismus aufgetreten war, so war es auch jetzt die radikale Selbstkritik der sogenannten dialektischen Theologie, die die neue Epoche eröffnete.

Unter den Männern, die der allgemeinen Kritik an der liberalen Kulturfrömmigkeit und an der herrschenden Katheorphilosophie den philosophischen Ausdruck gaben, war das revolutionäre Genie des jungen Martin Heidegger. Heideggers Auftreten als junger Freiburger Universitätslehrer machte in den ersten Nachkriegsjahren wahrhaft Epoche. Daß hier eine originäre Kraft des Philosophierens im Aufbrechen war, verriet schon die ungewöhnliche, kraftvolle und wuchtige Sprache, die von dem Freiburger Katheder ertönte. Aus der fruchtbaren und spannungsvollen Berührung mit der gleichzeitigen protestantischen Theologie, in die Heidegger durch seine Berufung nach Marburg im Jahre 1923 kam, erwuchs dann Heideggers Hauptwerk »Sein und Zeit«, das im Jahre 1927 mit einem Schlage weiten Kreisen der Öffentlichkeit etwas von dem neuen Geiste vermittelte, der über die Philosophie auf Grund der Erschütterungen des Ersten Weltkrieges gekommen war. Man nannte damals die Gemeinsamkeit des Philosophierens, die die Gemüter bewegte, Existenzphilosophie. Es waren kritische Affekte, Affekte des leidenschaftlichen Protestes gegen die gesicherte Bildungswelt der Älteren, Affekte gegen die Einebnung aller individuellen Lebensformen durch die sich immer stärker uniformierende industrielle Gesellschaft und ihre alles manipulierende Nachrichtentechnik und Meinungsbildung, die dem zeitgenössischen Leser aus Heideggers systematischem Erstling mit Vehemenz entgegenschlugen. Dem »Man«, dem Gerede, der Neugier als Verfallsformen der Uneigentlichkeit setzte Heidegger den Begriff der Eigentlichkeit des Daseins entgegen, das sich seiner Endlichkeit bewußt ist und sie entschlossen annimmt. Der existentielle Ernst, mit dem hier das uralte Menschheitsrätsel des Todes ins Zentrum der philosophischen Besinnung gerückt wurde, die Wucht, mit der der Aufruf zur eigentlichen »Wahl« seiner Existenz die Scheinwelten von Bildung und Kultur zertrümmerte, war wie ein Einbruch in den wohlbehüteten akademischen Frieden. Und doch war es nicht die Stimme eines maßlosen Außenseiters der akademischen Welt, nicht die Stimme einer gewagten Ausnahmeexistenz im Stile Kierkegaards oder Nietzsches, sondern der Schüler der redlichsten und gewissenhaftesten philosophischen Schule, die es damals an den deutschen Universitäten gab, der Schüler der phänomenologischen Forschung Edmund Husserls, deren beharrlich verfolgtes Ziel die Begründung der Philosophie als strenger Wissenschaft war. Auch Heideggers neuer philosophischer Wurf stellte sich unter die phänomenologische Parole »Zu den Sachen selbst!«. Diese Sache aber war die verborgenste, als Frage am meisten vergessene Frage der Philosophie: Was heißt Sein? Diese Frage fragen zu lernen ging Heidegger den Weg, das Sein des menschlichen Daseins in sich selbst ontologisch positiv zu bestimmen, statt es mit der bisherigen Metaphysik von einem unendlichen und immer seienden Sein her als das Nur-Endliche zu verstehen. Der ontologische Vorrang, den das Sein des menschlichen Daseins für Heidegger gewann, bestimmte seine Philosophie als »Fundamentalontologie«. Die ontologischen Bestimmungen des endlichen menschlichen Daseins nannte Heidegger Bestimmungen der Existenz, Existenzialien, und stellte diese Grundbegriffe mit methodischer Entschiedenheit den Grundbegriffen der bisherigen Metaphysik, den Kategorien des Vorhandenen, entgegen. Daß das menschliche Dasein sein eigentliches Sein nicht in feststellbarer Vorhandenheit hat, sondern in der Bewegtheit der Sorge, mit der es um sein Sein bekümmert seine eigene Zukunft ist, das war es, was Heidegger nicht aus dem Auge verlieren wollte, wenn er die uralte Frage nach dem Sinn von Sein neu aufrührte. Das menschliche Dasein ist dadurch ausgezeichnet, daß es sich auf sein Sein hin selber versteht. Um der Endlichkeit und Zeitlichkeit des menschlichen Daseins willen, das die Frage nach dem Sinn seines Seins nicht ruhen zu lassen vermag, bestimmte sich ihm die Frage nach dem Sinn von Sein im Horizont der Zeit. Was die Wissenschaft wägend und messend als seiend feststellt, das Vorhandene, ebenso wie das über alle Menschlichkeit hin auslegende Ewige muß sich von der zentralen Seinsgewißheit der menschlichen Zeitlichkeit her verstehen lassen. Das war Heideggers neuer Einsatz. Aber sein Ziel, Sein als Zeit zu denken, blieb so verhüllt, daß »Sein und Zeit« geradezu als hermeneutische Phänomenologie bezeichnet wurde, weil das Sichverstehen das eigentliche Fundament dieses Fragens darstellt. Von diesem Fundament her gesehen erweist sich das Seinsverständnis der traditionellen Metaphysik als eine Verfallsform des ursprünglichen, im menschlichen Dasein betätigten Seinsverständnisses. Sein ist nicht nur reine Anwesenheit und gegenwärtige Vorhandenheit. Im eigentlichen Sinne »ist« das endlich-geschichtliche Dasein. In seinem Weltentwurf hat sodann das Zuhandene seine Stelle – und erst zuletzt das Nur-Vorhandene.

Von dem hermeneutischen Phänomen des Sichverstehens her haben aber nun mancherlei Seinsformen keinen rechten Platz, die weder geschichtlich noch auch nur vorhanden sind. Die Zeitlosigkeit der mathematischen Sachverhalte, die nicht lediglich einfach feststellbar Vorhandenes sind, die Zeitlosigkeit der sich in ihrem Kreise immer wiederholenden Natur, die auch uns selber durchwaltet und vom Unbewußten her bestimmt, schließlich die Zeitlosigkeit des über alle geschichtlichen Abstände sich wölbenden Regenbogens der Kunst schienen die Grenzen der hermeneutischen Auslegungsmöglichkeit zu bezeichnen, die Heideggers neuer Ansatz eröffnet hatte. Das Unbewußte, die Zahl, der Traum, das Walten der Natur, das Wunder der Kunst – all das schien nur am Rande des sich geschichtlich wissenden und sich auf sich selbst verstehenden Daseins wie in einer Art von Grenzbegriffen faßbar zu sein.

So bedeutete es eine Überraschung, als Heidegger im

Jahre 1936 in einigen Vorträgen den Ursprung des Kunstwerks behandelte. Wenn diese Arbeit auch erst 1950 als erstes Stück der Sammlung *Holzwege* der Öffentlichkeit zugänglich wurde, so hatte ihre Wirkung doch schon viel früher begonnen. Denn es war seit langem so, daß Heideggers Vorlesungen und Vorträge überall auf ein gespanntes Interesse stießen und in Abschriften und Berichten eine weite Verbreitung fanden, die ihn schnell in das von ihm selbst so grimmig karikierte Gerede brachte. In der Tat bedeuteten die Vorträge über den Ursprung des Kunstwerks eine philosophische Sensation. Nicht dies allein, daß die Kunst nun doch in den hermeneutischen Grundansatz des Selbstverständnisses des Menschen in seiner Geschichtlichkeit einbezogen wurde, ja daß sie sogar in diesen Vorträgen – wie in Hölderlins und Georges dichterischem Glauben – als die Gründungstat ganzer geschichtlicher Welten verstanden wurde, die eigentliche Sensation, die Heideggers neuer Denkversuch bedeutete, war die überraschend neue Begrifflichkeit, die sich bei diesem Thema hervorwagte. Von Welt und von Erde war dort die Rede. Nun war der Begriff der *Welt* seit jeher einer der hermeneutischen Leitbegriffe Heideggers gewesen. Die Welt als das Bezugsganze des Daseinsentwurfs bildete den Horizont, der allen Entwürfen menschlicher Daseinssorge vorgängig war. Heidegger selbst hat die Geschichte dieses Weltbegriffs skizziert und insbesondere den neutestamentlichen anthropologischen Sinn dieses Begriffes, wie er ihn selbst gebrauchte, von dem Begriff der Totalität des Vorhandenen wohl unterschieden und geschichtlich legitimiert. Das Überraschende aber war nun, daß dieser Begriff der Welt in dem Begriff der *Erde* einen Gegenbegriff erhielt. Denn während sich der Begriff der Welt als des Ganzen, in das hinein menschliche Selbstauslegung erfolgt, vom Selbstverständnis des menschlichen Daseins aus zu evidenter Anschauung erheben ließ, klang der Begriff der Erde wie ein mythischer und gnostischer Urlaut, der höchstens in der Welt der Dichtung Heimatrecht haben mochte. Offenkundig war es die Dichtung Hölderlins, der sich damals Heidegger mit leidenschaftlicher Intensität zugewandt hatte, aus der er den Begriff der Erde in sein eigenes Philosophieren übertrug. Aber mit welchem Recht? Wie sollte das sich auf sein Sein verstehende Dasein, das In-der-Welt-sein, dieser neue radikale Ausgangspunkt alles transzendentalen Fragens, mit einem Begriff wie Erde in eine ontologische Beziehung treten können?

Nun war Heideggers neuer Ansatz von »Sein und Zeit« gewiß nicht einfach eine Wiederholung der spiritualistischen Metaphysik des deutschen Idealismus. Das Sich-auf-sein-Sein-Verstehen des menschlichen Daseins ist nicht das Sich-Wissen des absoluten Geistes Hegels. Es ist kein Selbstentwurf, sondern weiß vielmehr in seinem eigenen Selbstverständnis, daß es nicht Herr seiner selbst und seines eigenen Daseins ist, sondern sich inmitten des Seienden vorfindet und sich so zu übernehmen hat, wie es sich vorfindet. Es ist geworfener Entwurf. Es war eine der glänzendsten phänomenologischen Analysen von »Sein und Zeit«, in der Heidegger diese Grenzerfahrung der Existenz, sich inmitten des Seienden vorzufinden, als Befindlichkeit analysierte und der Befindlichkeit, der Stimmung, die eigentliche Erschließung des In-der-Welt-Seins zuwies. Das Vorfindliche solcher Befindlichkeit stellt aber offenkundig die äußerste Grenze dessen dar, bis wohin das geschichtliche Selbstverständnis des menschlichen Daseins überhaupt vordringen konnte.

Von diesem hermeneutischen Grenzbegriff der Befindlichkeit und der Stimmung führt kein Weg zu einem solchen Begriff wie dem der Erde. Was ist das Recht dieses Begriffes? Wie kann er seine Ausweisung finden? Die wichtige Einsicht, die Heideggers Aufsatz über den Ursprung des Kunstwerks eröffnet, ist, daß »Erde« eine notwendige Seinsbestimmung des *Kunstwerks* ist.

Um zu erkennen, welche grundsätzliche Bedeutung die Frage nach dem Wesen des Kunstwerks besitzt und wie dieselbe mit den Grundfragen der Philosophie zusammenhängt, bedarf es freilich der Einsicht in die Vorurteile, die im Begriff einer philosophischen Ästhetik liegen. Es bedarf einer Überwindung des Begriffs der Ästhetik selbst. Bekanntlich ist die philosophische Ästhetik die jüngste unter den philosophischen Disziplinen. Erst im 18. Jahrhundert, in der ausdrücklichen Beschränkung des Rationalismus der Aufklärung, wurde das selbständige Recht der sinnlichen Erkenntnis und damit die relative Unabhängigkeit des Geschmacksurteils vom Verstande und seinen Begriffen geltend gemacht. Wie der Name der Disziplin, so datiert auch ihre systematische Selbständigkeit von der Ästhetik des Alexander *Baumgarten* her. *Kant* hat dann in seiner dritten Kritik, der Kritik der Urteilskraft, die systematische Bedeutung des ästhetischen Problems gefestigt. Er entdeckte in der subjektiven Allgemeinheit des ästhetischen Geschmacksurteils den überzeugenden Rechtsanspruch, den die ästhetische Urteilskraft gegenüber den Ansprüchen des Verstandes und der Moral behaupten kann. Der Geschmack des Betrachters läßt sich so wenig wie das Genie des Künstlers als die Anwendung von Begriffen, Normen oder Regeln begreifen. Was das Schöne auszeichnet, läßt sich nicht als bestimmte erkennbare Eigenschaften an einem Gegenstande ausweisen, sondern bezeugt sich durch Subjektives: die Steigerung des Lebensgefühls in der harmonischen Entsprechung von Einbildungskraft und Verstand. Es ist eine Belebung des Ganzen unserer geistigen Kräfte, ihr freies Spiel, was wir angesichts des Schönen in Natur und Kunst erfahren. Das Geschmacksurteil ist nicht Erkenntnis und ist doch nicht beliebig. Es liegt darin ein Allgemeinheitsanspruch, auf den sich die Autonomie des ästhetischen Bereichs begründen läßt. Man muß anerkennen, daß solche Rechtfertigung der Autonomie der Kunst gegenüber der Regelfrömmigkeit und Moralgläubigkeit des Aufklärungszeitalters eine große Leistung bedeutete. Vor allem innerhalb der deutschen Entwicklung, die damals gerade erst den Punkt erreicht hatte, an dem ihre klassische Epoche der Literatur sich von Weimar aus wie ein ästhetischer Staat zu konstituieren suchte. Diese Bemühungen fanden in Kants Philosophie ihre begriffliche Rechtfertigung.

Auf der anderen Seite bedeutete die Grundlegung der Ästhetik in der Subjektivität der Gemütskräfte den Beginn einer gefährlichen Subjektivierung. Für Kant selbst war freilich noch der geheimnisvolle Einklang bestimmend, der damit zwischen der Schönheit der Natur und der Subjektivität des Subjekts erkannt wurde. Ebenso wird das schaffende Genie, das allen Regeln überlegen das Wunder des Kunstwerks zustande bringt, von ihm als ein Günstling der Natur verstanden. Das aber setzt im ganzen die fraglose Geltung der Naturordnung voraus, deren letztes Fundament der theologische Gedanke der Schöpfung ist. Mit dem Schwinden dieses Horizontes mußte eine solche Grundlegung der Ästhetik zu einer radikalen Subjektivierung führen, in Fortbildung der Lehre von der Regellosigkeit des Genies. Die Kunst, die nicht mehr auf das umfassende Ganze der Seinsordnung zurückbezogen ist, wird der Wirklichkeit, der rauhen Prosa des Lebens, als die verklärende Macht der Poesie entgegengesetzt, der nur in ihrem ästhetischen Reiche die Versöhnung von Idee und Wirklichkeit gelingt. Es ist die idealistische Ästhetik, die zuerst bei Schiller zu Worte kommt und in Hegels großartiger Ästhetik ihre Vollendung findet. Auch hier steht die Theorie des Kunstwerks noch unter einem universalen ontologischen Horizont. Sofern im Kunstwerk der Ausgleich und die Versöhnung des Endlichen und Unendlichen überhaupt gelingt, ist es das Unterpfand einer höchsten Wahrheit, die am Ende von der Philosophie einzubringen ist. Wie die Natur für den Idealismus nicht nur der Gegenstand der berechnenden Wissenschaft der Neuzeit ist, sondern das Walten einer großen schöpferischen Weltpotenz, die sich im selbstbewußten Geiste zu ihrer Vollendung erhebt, so ist auch das Kunstwerk in den Augen dieser spekulativen Denker eine Objektivation des Geistes – nicht sein vollendeter Begriff von sich selbst, sondern seine Erscheinung in der Art und Weise, die Welt anzuschauen. Kunst ist im wörtlichen Sinne des Wortes Welt-Anschauung.

Wenn man den Einsatzpunkt bestimmen will, von dem aus Heidegger über das Wesen des Kunstwerks nachzudenken anhebt, muß man sich nun klarmachen, daß die idealistische Ästhetik, die dem Kunstwerk als dem Organon eines unbegrifflichen Verständnisses der absoluten Wahrheit eine ausgezeichnete Bedeutung zugewiesen hatte, längst durch die Philosophie des *Neukantianismus* überdeckt war. Diese herrschende philosophische Bewegung hatte die kantische Begründung der wissenschaftlichen Erkenntnis erneuert, ohne den metaphysischen Horizont einer teleologischen Seinsordnung wiederzugewinnen, wie er Kants Beschreibung der ästhetischen Urteilskraft zugrundelag. So war das Denken des Neukantianismus über die ästhetischen Probleme mit eigentümlichen Vorurteilen belastet. Die Exposition des Themas in Heideggers Abhandlung spiegelt das deutlich. Sie setzt mit der Frage nach der Abgrenzung des Kunstwerks vom Ding ein. Daß das Kunstwerk auch ein Ding ist und nur über sein Dingsein hinaus noch etwas anderes bedeutet, als Symbol auf etwas verweist oder als Allegorie etwas anderes zu verstehen gibt, beschreibt die Seinsweise des Kunstwerks von dem ontologischen Modell aus, das durch den systematischen *Vorrang der wissenschaftlichen Erkenntnis* gegeben ist. Was eigentlich ist, das ist das Dinghafte, die Tatsache, das den Sinnen Gegebene, das von der Naturwissenschaft einer objektiven Erkenntnis entgegengeführt wird. Die Bedeutung, die ihm zukommt, der Wert, den es hat, sind dagegen zusätzliche Auffassungsformen von nur subjektiver Geltung und gehören weder zur ursprünglichen Gegebenheit selbst noch zu der aus ihr zu gewinnenden objektiven Wahrheit. Sie setzen das Dinghafte als das allein Objektive voraus, das der Träger solcher Werte zu werden vermag. Für die Ästhetik mußte das bedeuten, daß das Kunstwerk in einem ersten vordergründigen Aspekt selbst einen dinglichen Charakter besitzt, der die Funktion eines Unterbaus hat, auf den sich das eigentlich ästhetische Gebilde als Oberbau erhebt. So beschreibt noch Nicolai Hartmann die Struktur des ästhetischen Gegenstandes.

Heidegger knüpft an diese ontologische Vormeinung an,

indem er nach der Dinglichkeit des *Dinges* fragt. Er unterscheidet drei in der Tradition entwickelte Auffassungsweisen des Dinges: Es ist Träger von Eigenschaften, es ist Einheit einer Empfindungsmannigfaltigkeit und es ist geformter Stoff. Vor allem die dritte dieser Auffassungsformen, die nach Form und Stoff, hat etwas unmittelbar Einleuchtendes. Denn sie folgt dem Modell des Herstellens, durch das ein Ding verfertigt wird, das unseren Zwecken zu dienen hat. Heidegger nennt solche Dinge »Zeug«. Die Dinge insgesamt erscheinen vom Vorbild dieses Modells aus theologisch gesehen als Verfertigungen, das heißt Schöpfungen Gottes, menschlich gesehen als seiner Zeughaftigkeit verlustig gegangenes Zeug. Die Dinge sind die bloßen Dinge, das heißt, sie sind da, ohne Rücksicht darauf, ob sie zu etwas dienen. Heidegger zeigt nun, daß ein solcher Begriff des Vorhandenseins, wie er dem feststellenden und berechnenden Verfahren der modernen Wissenschaft entspricht, weder das Dinghafte des Dinges noch das Zeughafte des Zeuges zu denken erlaubt. Um der Zeughaftigkeit des Zeuges ansichtig zu werden, knüpft er deshalb an eine künstlerische Darstellung an, ein Gemälde van Goghs, das Bauernschuhe darstellt. Was an diesem Kunstwerk sichtbar wird, ist das Zeug selbst, das heißt nicht irgendein Seiendes, das für irgendwelche Zwecke nutzbar gemacht werden kann, sondern etwas, dessen Sein es ausmacht, jemandem, dem diese Schuhe gehören, gedient zu haben und zu dienen. Was im Werk des Malers hervortritt und was es mit Eindringlichkeit darstellt, sind nicht ein paar zufällige Bauernschuhe, sondern das wahre Wesen des Zeugs, das sie sind. Die ganze Welt des bäuerlichen Lebens ist in diesen Schuhen. So ist es das Werk der Kunst, das hier die Wahrheit über das Seiende hervorbringt. Vom Werk und keineswegs von seinem dinglichen Unterbau her ist solches Hervorkommen von Wahrheit, wie in ihm geschieht, allein zu denken.

So stellt sich die Frage, was ein *Werk* ist, daß dergestalt in ihm Wahrheit hervorkommen kann. Im Gegensatz zu dem geläufigen Ansatz bei der Dinghaftigkeit und Gegenständlichkeit des Kunstwerks ist ein Kunstwerk gerade dadurch charakterisiert, daß es nicht Gegenstand ist, sondern in sich selber steht. Durch sein In-sich-Stehen gehört es nicht nur zu seiner Welt, sondern in ihm ist diese da. Das Kunstwerk eröffnet seine eigene Welt. Gegenstand ist etwas nur, wo etwas nicht mehr in das Gefüge seiner Welt gehört, weil die Welt zerfallen ist, der es angehört. So ist ein Kunstwerk ein Gegenstand, wenn es im Handel ist. Denn dann ist es welt- und heimatlos.

Die Charakterisierung des Kunstwerks durch das In-sich-Stehen und das Welt-Eröffnen, mit der Heidegger einsetzt, vermeidet offenbar bewußt jeden Rückgriff auf den Geniebegriff der klassischen Ästhetik. Es ist in dem Bestreben, die ontologische Struktur des Werkes unabhängig von der Subjektivität seines Schöpfers oder Betrachters zu verstehen, daß Heidegger nun neben dem Begriff der Welt, zu der das Werk gehört und die das Werk aufstellt und eröffnet, den Gegenbegriff »Erde« gebraucht. Erde ist insofern ein Gegenbegriff zu Welt, als sie im Gegensatz zu dem Sich-Öffnen das In-sich-Bergen und Verschließen auszeichnet. Beides ist offenbar im Kunstwerk da, das Sich-Öffnen ebenso wie das Sich-Verschließen. Ein Kunstwerk meint ja nicht etwas, verweist nicht wie ein Zeichen auf eine Bedeutung, sondern es stellt sich in seinem eigenen Sein dar, so daß der Betrachter zum Verweilen bei ihm genötigt wird. Es ist so sehr selbst da, daß umgekehrt das, woraus es gemacht ist, Stein, Farbe, Ton, Wort, selbst erst in ihm zum eigentlichen Dasein kommt. Solange so etwas bloßer Stoff ist, der seiner Verarbeitung harrt, ist es nicht wirklich da, das heißt hervorgekommen in eine echte Präsenz, sondern erst dann kommt es selbst hervor, wenn es gebraucht, das heißt aber in das Werk gebunden ist. Die Töne, aus denen ein musikalisches Meisterwerk besteht, sind mehr Töne als alle Geräusche und Töne sonst, die Farben der Gemälde sind eigentlichere Farbigkeit als selbst der höchste Farbenschmuck der Natur, die Tempelsäule läßt das Steinerne ihres Seins im Ragen und Tragen eigentlicher erscheinen als in dem unbehauenen Gesteinsblock. Was so im Werk hervorkommt, ist aber gerade sein Verschlossensein und Sichverschließen, das was Heidegger Erde-Sein nennt. Erde ist in Wahrheit nicht Stoff, sondern das, woraus alles hervorkommt und wohinein alles eingeht.

Hier zeigt sich die Unangemessenheit der Reflexionsbegriffe von *Form* und *Stoff*. Wenn man sagen kann, daß in einem großen Kunstwerk eine Welt »aufgeht«, so ist der Aufgang dieser Welt zugleich ihr Eingang in die ruhende Gestalt; indem die Gestalt dasteht, hat sie gleichsam ihr erdhaftes Dasein gefunden. Daraus gewinnt das Werk der Kunst seine ihm eigene Ruhe. Es hat sein eigentliches Sein nicht erst in einem erlebenden Ich, das sagt, meint oder zeigt und dessen Gesagtes, Gemeintes oder Gezeigtes seine Bedeutung wäre. Sein Sein besteht nicht darin, daß es zum Erlebnis wird, sondern es ist selbst durch sein eigenes Dasein ein Ereignis, ein Stoß, der alles Bisherige und Gewohnte umstößt, ein Stoß, in dem sich Welt öffnet, die so nie da war. Dieser Stoß ist aber im Werk selbst derart geschehen, daß er zugleich ins Bleiben geborgen ist. Was so aufgeht und sich so birgt, macht in seiner Spannung die Gestalt des Werkes aus. Es ist diese Spannung, die Heidegger als den Streit von Welt und Erde bezeichnet. Damit ist nicht nur eine Beschreibung der Seinsweise des Kunstwerks gegeben, die die Vorurteile der traditionellen Ästhetik und des modernen Subjektivitätsdenkens vermeidet. Heidegger erneuert damit auch nicht einfach die spekulative Ästhetik, die das Kunstwerk als das sinnliche Scheinen der Idee definiert hat. Diese Hegelsche Definition des Schönen teilt zwar mit Heideggers eigenem Denkversuch die grundsätzliche Überwindung des Gegensatzes von Subjekt und Objekt, Ich und Gegenstand und beschreibt das Sein des Kunstwerkes nicht von der Subjektivität des Subjektes her. Aber sie beschreibt es doch auf sie hin. Denn es ist die im seiner selbst bewußten Denken gedachte Idee, deren sinnliche Manifestation das Kunstwerk ausmachen soll. Im Denken der Idee wäre also die ganze Wahrheit des sinnlichen Scheinens aufgehoben. Sie gewinnt im Begriff die eigentliche Gestalt ihrer selbst. Wenn Heidegger dagegen von dem Streit von Welt und Erde spricht und das Kunstwerk als den Stoß beschreibt, durch den eine Wahrheit zum Ereignis wird, so ist diese Wahrheit nicht in der Wahrheit des philosophischen Begriffs aufgehoben und vollendet. Es ist eine eigene Manifestation von Wahrheit, die im Kunstwerk geschieht. Die Berufung auf das Kunstwerk, in dem Wahrheit hervorkommt, soll bei Heidegger gerade bezeugen, daß es sinnvoll ist, von einem *Geschehen* der Wahrheit zu reden. Heideggers Aufsatz beschränkt sich daher nicht darauf, eine angemessenere Beschreibung vom Sein des Kunstwerks zu geben. Es ist vielmehr sein zentrales philosophisches Anliegen, das Sein selbst als ein Geschehen der Wahrheit zu begreifen, das sich auf diese Analyse stützt.

Man hat Heideggers Begriffsbildung in seinem späteren Werk oft den Vorwurf gemacht, daß sie sich nicht mehr ausweisen lasse. Es ist nicht möglich, das von Heidegger Gemeinte, zum Beispiel, wenn er von Sein im verbalen Sinne des Wortes, von Seinsgeschehen, von Lichtung des Seins, von Seinsentbergung und Seinsvergessenheit spricht, in der Subjektivität unseres eigenen Meinens gleichsam zur Erfüllung zu bringen. Die Begriffsbildung, die Heideggers späte philosophische Arbeiten beherrscht, ist der subjektiven Ausweisung offenbar ähnlich verschlossen wie Hegels dialektischer Prozeß dem verschlossen ist, was Hegel das vorstellende Denken nennt. Sie findet daher eine ähnliche Kritik, wie Hegels Dialektik durch Marx gefunden hat. Man nennt sie »mythologisch«. Der Aufsatz über das Kunstwerk scheint mir seine fundamentale Bedeutung darin zu haben, daß er für das eigentliche Anliegen des späten Heidegger einen Fingerzeig darstellt. Niemand kann sich dem verschließen, daß im Kunstwerk, in dem eine Welt aufgeht, nicht nur Sinnvolles erfahrbar wird, das vorher nicht erkannt war, sondern daß mit dem Kunstwerk selber etwas Neues ins Dasein tritt. Es ist nicht die Offenlegung einer Wahrheit allein, sondern es ist selbst ein Ereignis. Damit bietet sich ein Weg, um Heideggers Kritik an der abendländischen Metaphysik und ihrem Auslaufen in das Subjektivitätsdenken der Neuzeit einen Schritt weit zu folgen. Heidegger hat bekanntlich das griechische Wort für Wahrheit, Aletheia, durch *Unverborgenheit* wiedergegeben. Die starke Betonung des privativen Sinnes von Aletheia meint aber nicht nur dies, daß die Erkenntnis der Wahrheit wie durch einen Akt des Raubes – privatio heißt »Beraubung« – das Wahre aus seiner Unerkanntheit oder der Verborgenheit im

Irrtum herausgerissen hat. Nicht darum allein handelt es sich, daß die Wahrheit nicht auf der Straße liegt und nicht immer schon gängig und zugänglich ist. Das ist gewiß wahr, und die Griechen haben das offenkundig sagen wollen, wenn sie das Seiende, wie es ist, als das Unverborgene bezeichneten. Sie haben gewußt, wie jede Erkenntnis vom Irrtum und von der Lüge bedroht ist und daß es darauf ankommt, sich nicht zu irren und die richtige Vorstellung von dem Seienden, wie es ist, zu gewinnen. Wenn es in der Erkenntnis darauf ankommt, den Irrtum hinter sich zu lassen, so ist die Wahrheit die reine Unverborgenheit des Seienden. Das ist es, was das griechische Denken im Blick hat, und damit ist es schon auf dem Wege, den die neuzeitliche Wissenschaft schließlich bis zu Ende gehen sollte, die Richtigkeit der Erkenntnis zu bewerkstelligen, durch die das Seiende in seiner Unverborgenheit verwahrt wird.

Heidegger hält dem entgegen, daß Unverborgenheit nicht nur der Charakter des Seienden ist, sofern es richtig erkannt ist. In einem ursprünglicheren Sinne »geschieht« Unverborgenheit, und dieses Geschehen ist etwas, was überhaupt erst möglich macht, daß Seiendes unverborgen ist und richtig erkannt wird. Die Verborgenheit, die solcher ursprünglichen Unverborgenheit entspricht, ist nicht Irrtum, sondern gehört ursprünglich zum Sein selbst. Die Natur, die sich zu verbergen liebt (Heraklit), ist dadurch nicht nur hinsichtlich ihrer Erkennbarkeit charakterisiert, sondern ihrem Sein nach. Sie ist nicht nur das Aufgehen ins Lichte, sondern ebensosehr das Sichbergen ins Dunkle, die Entfaltung der Blüte der Sonne zu ebenso wie das Sichverwurzeln in der Erdtiefe. Heidegger redet von der Lichtung des Seins, die erst den Bereich darstellt, in dem Seiendes als ent-borgen, als in seiner

Unverborgenheit erkannt wird. Solches Hervorkommen des Seienden ins »Da« seines Daseins setzt offenbar einen Bereich der Offenheit voraus, in dem solches Da geschehen kann. Und doch ist ebenso offenkundig, daß dieser Bereich nicht ist, ohne daß sich in ihm Seiendes zeigt, das heißt ohne daß es Offenes gibt, das die Offenheit besetzt. Das ist ohne Frage ein merkwürdiges Verhältnis. Und noch merkwürdiger ist, daß im Da dieses Sichzeigens des Seienden sich gerade auch erst die Verborgenheit des Seins darstellt. Was durch die Offenbarkeit des Da ermöglicht wird, ist gewiß das richtige Erkennen. Das Seiende, das hervorkommt aus der Unverborgenheit, stellt sich für den dar, der es gewahrt. Gleichwohl ist es nicht ein Willkürakt des Ent-bergens, die Ausübung eines Raubes, durch den etwas der Verborgenheit entrissen wird. Dies alles soll vielmehr nur dadurch ermöglicht sein, daß Entbergung und Verbergung ein Geschehen des Seins selber sind. Das zu verstehen, hilft uns das gewonnene Verständnis des Wesens des Kunstwerks. Dort ist es offenkundig eine Spannung zwischen dem Aufgang und der Bergung, die das Sein des Werkes selber ausmacht. Die Gespanntheit dieser Spannung ist es, die das Gestaltniveau eines Kunstwerks ausmacht und den Glanz erzeugt, durch den es alles überstrahlt. Seine Wahrheit ist nicht das plane Offenliegen von Sinn, sondern vielmehr die Unergründlichkeit und Tiefe seines Sinnes. So ist es seinem Wesen nach Streit zwischen Welt und Erde, Aufgang und Bergung.

Was so am Kunstwerk seine Ausweisung findet, soll aber das Wesen des Seins überhaupt ausmachen. Streit von Entbergung und Verbergung ist nicht nur die Wahrheit des Werkes, sondern die alles Seienden. Denn Wahrheit ist als Unverborgenheit stets ein solches *Gegeneinander von Entbergung und Verbergung.* Beides gehört notwendig zusammen. Das will offenbar sagen, Wahrheit ist nicht einfach schlechthinnige Anwesenheit von Seiendem, so daß es dem richtigen Vorstellen gleichsam entgegensteht. Ein solcher Begriff des Unverborgenseins setzte vielmehr die Subjektivität des das Seiende vorstellenden Daseins bereits voraus. Das Seiende ist aber in seinem Sein nicht richtig bestimmt, wenn es lediglich als Gegenstand des möglichen Vorstellens bestimmt ist. Zu seinem Sein gehört vielmehr ebensosehr, daß es sich versagt. Die Wahrheit als Unverborgenheit ist in sich selbst gegenwendig. Es ist im Sein, wie Heidegger sagt, so etwas wie eine »Gegnerschaft des Anwesens«. Was Heidegger damit zu beschreiben sucht, ist für jedermann einlösbar. Was ist, das bietet nicht nur als Oberfläche einen kenntlichen oder vertrauten Umriß, es hat auch eine innere Tiefe der Selbständigkeit, die Heidegger als »Insichstehen« bezeichnet. Die vollendete Unverborgenheit alles Seienden, die totale Vergegenständlichung von allem und jedem (durch ein in seiner Perfektion gedachtes Vorstellen), würde das Insichsein des Seienden aufheben und eine totale Einebnung bedeuten. Was sich in solchem totalen Vergegenständlichen darstellen würde, wäre nirgends mehr Seiendes, das in seinem eigenen Sein steht. Was sich darstellen würde, wäre vielmehr an allem, was ist, das gleiche: die Chance seiner Nutzbarkeit, das heißt aber, was in allem hervorträte, wäre der sich des Seienden bemächtigende Wille. Demgegenüber wird jedem am Kunstwerk die Erfahrung zuteil, daß es gegen solchen Bemächtigungswillen ein schlechthin Widerständiges gibt, nicht im Sinne des starren Widerstandes gegen die Zumutung unseres Willens, der nutzen möchte, sondern im Sinne des überlegenen Sich-aufdrängens eines in sich ruhenden Seins. So ist die Geschlossenheit und Verschlossenheit des Kunstwerks das Unterpfand und der Ausweis für die universale These der Heideggerschen Philosophie, daß das Seiende sich selbst zurückhält indem es sich ins Offene des Anwesens hineinstellt. Das Insichstehen des Werkes verbürgt zugleich das Insichstehen des Seienden überhaupt.

Damit öffnen sich bereits in dieser Analyse des Kunstwerks Perspektiven, die den weiteren Denkweg Heideggers vorzeichnen. Es war der Weg über das Werk gewesen, in dem sich die Zeugheit des Zeuges und am Ende auch die Dingheit des Dinges allein zu zeigen vermochte. Wie die allberechnende moderne Wissenschaft den Verlust der Dinge bewirkt, deren »zu nichts gedrängtes Insichstehen« in Rechenfaktoren seines Entwerfens und Veränderns auflöst, so bedeutet umgekehrt das Kunstwerk eine Instanz, die vor dem allgemeinen Verlust der Dinge bewahrt. Wie Rilke inmitten des allgemeinen Schwindens der Dingheit die Unschuld des Dinges dichterisch verklärt, indem er es dem Engel zeigt, so denkt der Denker den gleichen Verlust der Dingheit, indem er zugleich ihre Bewahrung im Kunstwerk erkennt. Bewahrung aber setzt voraus, daß das Bewahrte in Wahrheit noch ist. So impliziert es die Wahrheit des Dinges selbst, wenn im Kunstwerk seine Wahrheit noch hervorzukommen vermag. Heideggers Aufsatz über das *Ding* stellt daher einen notwendigen weiteren Schritt auf dem Wege seines Denkens dar. Was ehedem nicht einmal das Zuhandensein des Zeugs erreichte, sondern dem bloßen Anstarren oder Feststellen als vorhanden galt, wird jetzt selbst, gerade als das zu nichts Dienliche, in seinem »heilen« Sein anerkannt.

Aber noch ein weiterer Schritt auf diesem Wege läßt sich

on hier aus schon erkennen. Heidegger betont, daß das Wesen der Kunst das Dichten sei. Er will damit sagen, daß nicht die Umformung von Vorgeformtem, nicht die Abbildung von zuvor schon Seiendem das Wesen der Kunst ausmacht, sondern der Entwurf, durch den etwas Neues als Wahres hervorkommt: Daß »sich eine offene Stelle aufschlägt«, das macht das Wesen des Wahrheitsgeschehens aus, das im Kunstwerk liegt. Nun ist aber doch das Wesen der Dichtung im gewohnten engeren Sinne des Wortes gerade durch die wesenhafte Sprachlichkeit gekennzeichnet, durch die sich Dichtung von allen übrigen Weisen der Kunst unterscheidet. Wenn in jeder Kunst, auch im Bauen und im Bilden, der eigentliche Entwurf und das wahrhaft Künstlerische »Dichtung« genannt werden mag, so ist doch die Art Entwurf, die im wirklichen Gedicht geschieht, anderer Art. Der Entwurf des dichterischen Kunstwerkes ist an ein Vorgebahntes gebunden, das nicht von sich aus neu entworfen werden kann: die vorgebahnten Bahnen der Sprache. Auf sie ist der Dichter so sehr angewiesen, daß die Sprache des dichterischen Kunstwerkes nur diejenigen zu erreichen vermag, die der gleichen Sprache mächtig sind. In gewissem Sinne ist also »Dichtung«, die den Entwurfscharakter alles künstlerischen Schaffens bei Heidegger symbolisieren soll, weniger Entwurf als die sekundären Formen des Bauens und Bildens aus Stein und Farbe und Tönen. In Wahrheit ist hier das Dichten wie in zwei Phasen geteilt: in einen Entwurf, der immer schon geschehen ist, wo eine Sprache waltet, und einen anderen, der die neue dichterische Schöpfung aus diesem ersten Entwurf hervorgehen läßt. Die Vorgängigkeit der Sprache scheint nicht nur die besondere Auszeichnung des dichterischen Kunstwerks auszumachen, sie scheint über alles Werk hinaus für jedes Dingsein der Dinge selber zu gelten. Das Werk der *Sprache* ist die ursprünglichste Dichtung des Seins. Das Denken, das alle Kunst als Dichtung denkt und das Sprachesein des Kunstwerks enthüllt, ist selbst noch unterwegs zur Sprache.

WERKE VON MARTIN HEIDEGGER

Das Realitätsproblem in der modernen Philosophie. 1912.
Die Lehre vom Urteil im Psychologismus. 1914.
Der Zeitbegriff in der Geschichtswissenschaft. 1916.
Die Kategorien- und Bedeutungslehre des Duns Scotus. 1916.
Sein und Zeit. 1927.
Vom Wesen des Grundes. 1929.
Kant und das Problem der Metaphysik. 1929.
Was ist Metaphysik? 1929.
Die Selbstbehauptung der deutschen Universität. 1933.
Platons Lehre von der Wahrheit. 1942.
Vom Wesen der Wahrheit. 1943.
Erläuterungen zu Hölderlins Dichtung. 1944/51.
Über den Humanismus. 1949.
Holzwege. 1950.
Einführung in die Metaphysik. 1953.
Aus der Erfahrung des Denkens. 1954.
Was heißt denken? 1954.
Vorträge und Aufsätze. 1954.
Was ist das – die Philosophie? 1956.
Zur Seinsfrage. 1956.
Hebel, der Hausfreund. 1957.
Identität und Differenz. 1957.
Der Satz vom Grund. 1957.
Unterwegs zur Sprache. Vorlesungen und Vorträge. 1959.
Von der Gelassenheit. 1959.
Hegel und die Griechen. (Festschr. f. H.-G. Gadamer.) 1960.
Vom Wesen und Begriff der φύσις. Aristoteles, Physik B 1. 1960.
Nietzsche. 1961.
Die Frage nach dem Ding. 1962.
Kants These über das Sein. 1962.
Die Technik und die Kehre. 1962.
Wegmarken. 1967.
Die Kunst und der Raum. 1969.
Zur Sache des Denkens. 1969.
Heraklit. 1970.
Phänomenologie und Theologie. 1970.

Inhalt

MARTIN HEIDEGGER

Frühe Schriften
1972. XII, 386 Seiten. Kt DM 28.50

Holzwege
5. Auflage 1972. 345 Seiten. Kt DM 19.80

Erläuterungen zu Hölderlins Dichtung
4., erw. Auflage 1971. 196 Seiten. Ln DM 24.50

Kant und das Problem der Metaphysik
4. Auflage 1973. 268 Seiten. Kt DM 26.50

Wegmarken
2., erw. Aufl. 1978. X, 478 Seiten. Kt DM 28.–

Was ist Metaphysik?
11. Auflage 1975. 52 Seiten. DM 6.50

Vom Wesen des Grundes
6. Auflage 1973. 54 Seiten. DM 6.50

Vom Wesen der Wahrheit
6. Auflage 1976. 30 Seiten. DM 6.50

Über den Humanismus
7. Auflage 1974. 47 Seiten. DM 6.50

Zur Seinsfrage
4., durchges. Aufl. 1977. 45 Seiten. DM 6.50

VITTORIO KLOSTERMANN
FRANKFURT AM MAIN

Deutsche Philosophie der Gegenwart

IN RECLAMS UNIVERSAL-BIBLIOTHEK

Philipp Reclam jun. Stuttgart